青天、民刀

養天地正氣

法古今完人

中國史話

呐喊聲中的
»»» 圖強變革

- 暮鼓晨鐘的血雨腥風
- 席捲神州的覺醒奮發
- 描繪勵精圖治的少年中國
- 展示庚子事變的翻天震地
- 重現覺醒者們的生死豪情

6

中　國　史　話

　　本書是根據CCTV10教科文行動「中國史話」編纂而成，大致依編年的方式講述中國的歷史，透過考古的發掘，述說不爲人知的傳奇與奧妙，中華文明的歷史遺存，在專家學者巨細靡遺抽絲剝繭的努力之下，伴隨著連連的驚嘆聲中一一呈現眼前，歷史殘存的片段獲得合理印證與連結，展現出中華歷史燦爛輝煌的廣度與深度。全書共分爲六冊：

(1)尋找失落的歷史年表
《石器時代、夏、商、西周》(170萬年前~西元前771)

　　中華文明的歷史遺存，考證遠古人類的生存方式。

　　慷慨萬千的斷代工程，解讀夏商周的歷史年表。

　　嘆爲觀止的考古發掘，述說不爲人知的傳奇與奧妙。

　　本書共分四章，內容包括：文明初始、尋找失落的年表、三星堆、殷墟婦好墓。

　　這裏有中華文明的歷史遺存、慷慨萬千的斷代工程、嘆爲觀止的考古發掘，本書爲讀者考證遠古人類的生存方式、解讀夏商周的歷史年表、述說不爲人知的傳奇與奧妙。

(2)唇槍舌戰的春秋時代
《東周、春秋戰國》(西元前770~ 西元前222)

　　捨我其誰的熱血男兒，探究鐵馬金戈的戰國遺跡。

　　獨領風騷的思想巨人，追尋萬古流芳的諸子百家。

　　一曲難在的妙曼天音，開啓色彩斑斕的曾侯乙墓。

　　本書分西周和春秋戰國和曾侯乙墓兩部分。內容包括：封建王朝的開端、制禮作樂與由神及人、競爭與動蕩紛雜的歷史、隱者和道家等。

(3)氣吞山河的雄奇帝國
《秦、兩漢三國、魏晉南北朝》(西元前359~西元573)

　　曇花一現的鐵血軍團親歷橫掃天下的大秦帝國
　　風雲際會的兩漢王朝撫摸魅力永駐的雲岡龍門
　　群雄爭霸的三國鼎立再現白衣飄然的魏晉風度
　　本書共分五章，內容包括：秦帝國、兩漢三國、金縷玉衣、魏晉風度、石刻上的歷史等。您可以領略曇花一現的鐵血軍團、風雲際會的兩漢王朝、群雄爭霸的三國鼎立，亦可親歷橫掃天下的大秦帝國、撫摸魅力永駐的雲岡龍門，書中再現了白衣飄然的魏晉風度。

(4)塵封不住的絢麗王朝
《隋唐、兩宋、五代十國(遼、西夏、金)》
(西元581~西元1206)

　　風華絕代的隋唐氣象領略繽紛瑰寶的盛世繁華
　　一枝獨秀的兩宋雲煙品味錦上添花的兩宋芳澤
　　塵封千載的西夏往事探尋黃沙深處的王朝蹤影
　　本書共分八章，內容包括：隋朝業績、虞弘墓、盛唐氣象、大唐遺風、五代與遼文化、汴京夢華、錦繡江南、西夏王朝等。書中涵蓋風華絕代的隋唐氣象，一枝獨秀的兩宋雲煙，塵封千載的西夏往事，可以領略繽紛瑰寶的大唐繁華，品味錦上添花的兩宋芳澤，探尋黃沙深處的王朝蹤影。

(5)三朝上演的皇權沉浮
《元、明、清》(西元1206~西元1842)

　　獨步天下的蒙古帝國，揭開繁盛華錦的蒙古詩篇。
　　氣吞華宇的明朝帝都，起航波瀾壯闊的明代巨輪。

　　濃墨重彩的康乾盛世，透視盛極而衰的清宮末路。

　　本書共分六章，內容包括：元朝風韻、明朝興起、康乾盛世、避暑山莊、文化劫掠、近代鐵路。

　　通過本書您可以了解縱橫四海的蒙古帝國、氣吞華宇的明朝帝都、濃墨重彩的康乾盛世，您可以綜覽氣象萬千的元朝風韻、起航大氣磅礴的明代巨輪，可以透視盛極而衰的清宮末路。

(6)吶喊聲中的圖強變革
《清末、民初》(西元1900~西元1919)

　　暮鼓晨鐘的血雨腥風，展示庚子事變的翻天覆地。

　　席捲神州的覺醒奮發，重現覺醒者們的生死豪情，描繪勵精圖治的少年中國。

　　本書分為庚子事變和記憶百年兩部分。主要內容包括：庚子事變的真相、清軍和義和團對東交民巷的圍攻、聯軍攻進了北京城、孫中山革命、清帝遜位、民國成立。

目　錄

目　錄

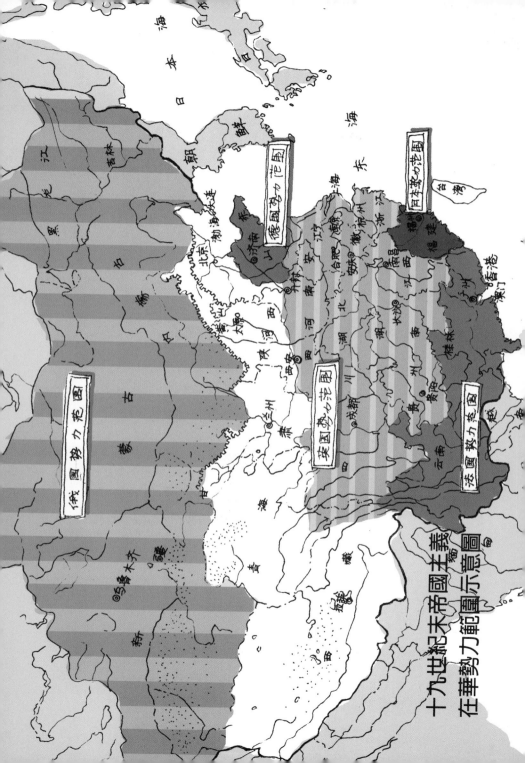

十九世紀末帝國主義
在華勢力範圍示意圖

第一章　庚子事變

<1> 庚子事變的眞相

　　在日本東京的外務省外交史料館裏，保存著一份外交文獻。這份外交文獻，就是西元一九〇一年，日本政府與中國清政府簽訂的《辛丑合約》原件。類似於這樣的外交文獻，在全世界應該還有十一份。這是因爲當時的清政府，同時與十一個國家簽訂了這份條約。

　　對於中國人來講，《辛丑合約》是中國近代史上，最爲喪權辱國的條約之一。那麼，這樣一份條約，是如何簽訂的？而在當年，又發生了怎樣的事情呢？

　　北京紫禁城的東南方向，有一條東西向的普通街道。清朝末年的時候，這裏有很多賣米的鋪子，這條街道，最初被叫做東江米巷。第二次鴉片戰爭後，東江米巷開始有了常駐的外國使節，一些國家陸續在這裏建立了使館，飯店、銀行和俱樂部等設施也先後建立起來。漸漸地，這裏成了當時北京城中一處外國人聚居的地區。東江米巷，也就改名爲東交民巷了。

　　一九〇〇年，是中國農曆庚子年。這一年，東交民巷成了全世界關注的焦點。這年夏天，中國與當時世界上八個主要強國之

⬆ 辛丑合約原件1

⬆ 辛丑合約原件2

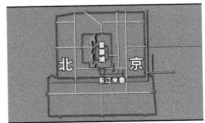
⬆ 東江米巷即東交民巷所在位置

間，爆發了一場戰爭。東交民巷，被中國人包圍，並圍攻了五十多天。這場一百多年前爆發的動盪，也被中國人稱之為庚子事變。庚子事變，又是如何爆發的？其中的真相，又是怎樣的呢？

回首當年，在整個事件中，最重要的一個人物，就是慈禧太后。咸豐皇帝（一八三一一一八六一）是慈禧（一八三五一一九○八年）的丈夫，在他死後不久，慈禧就掌握了大清國的最高權利，先後受她控制的有兩個皇帝，一個是她自己的兒子同治，還有一個就是在十九歲的同治死後，由她親自挑選出來繼承皇位的光緒。光緒（一八七一一一九○八）名叫愛新覺羅·載湉，雖然他從三歲就當上了皇帝，但卻一直受到被他稱作姨母，即慈禧皇太后的控制，即便是在他親政後，也沒能擺脫慈禧的影響。

中南海的瀛台是一處四面環水的小島。一八九八年，是中國農曆的戊戌年，這年夏天，在嘗試推行了一○三天的新政後，慈

↑ 東交民巷

↑ 東交民巷天主堂

↑ 慈禧像 1

↑ 光緒皇帝

禧剝奪了光緒的權利，並將他幽
禁在了瀛台，這一年光緒才二十
八歲。光緒被幽禁後不久，慈禧
便開始考慮要廢黜他。一九○○
年一月，她以光緒身體虛弱爲理
由，決定冊立端郡王載漪（一八
五六－一九二二）的兒子，即十
二歲的溥儁爲「大阿哥」（即皇

↑ 慈禧像 2

儲），準備在農曆庚子年新年的那一天，讓光緒舉行讓位典禮，由
溥儁登上帝位，並改元寶慶。可是當她派人把這個消息送到東交民
巷的各國公使手中，並希望他們屆時能夠前來觀禮祝賀時，卻遭到
各國一致拒絕。公使們說，他們
只承認光緒皇帝，不承認中國有
新的皇帝。

慈禧的願望，遭到各國反
對，是有原因的。應該說外國人
支持光緒的目的，是出於對自身
利益的考慮，他們擔心慈禧復
舊，會回到幾十年來歧視外國人
的老路上。相比之下，光緒希望

↑ 端郡王載漪

改革，將會比較開明，這更加符
合列強們的目的。皇帝的廢立也
是舉國震驚的大事，慈禧的決
定，在清政府內部也遭到了反
對。兩江總督劉坤一等南方大
臣，先後向朝廷發回了表示異議
的回電，並說「君臣之分已定，

↑ 端郡王府舊址

中外之口宜防」。顯然他們也擔心，如果廢除光緒，會遭致外國人的不滿。最後在大多數人的反對下，廢帝一事不得不擱置下來。

慈禧想用大阿哥取代光緒是想繼續控制政權，但外國人的干涉導致廢帝計劃流產，這件事使得慈禧認為，外國人干涉了她的家務，這對慈禧來說是萬萬不可以的，無疑此事再度加深了外國公使和慈禧的矛盾，而這種矛盾也是由來已久。第二次鴉片戰爭時，為了躲避英法聯軍的進攻，慈禧曾陪著咸豐皇帝逃到了熱河，但皇帝最後卻死在了行宮。同治繼位之後，慈禧與恭親王奕

↑ 大刀會

↑ 義和團

訢（一八三三——一八九八）爭權，洋人又都支持奕訢。光緒之後，洋人對她更是不敬。在她六十大壽時，日本發動侵略戰爭，致使中國割地賠款，到戊戌變法時，她與洋人之間的矛盾，更加激烈。

【私情與公義】
　　革命黨人徐錫麟為了打入清政府內部，掌握軍權，捐了個道員頭銜後，得以接近安徽巡撫恩銘，並得到恩銘賞識和拔擢。不久，徐錫麟看到身分有暴露的危險，且同志刺殺恩銘未果，他就毅然槍殺了對他毫無戒備的恩銘，提前起義。因寡不敵眾，起義失敗，徐錫麟被捕。清朝官吏問徐錫麟：「恩銘大人對你那麼好，為什麼還要殺他？」徐錫麟說：「恩銘待我是私情，我殺他是為國為民，私情怎麼敵得上公義呢？」後徐錫麟被殺，且被挖出心肝祭奠恩銘，但他至死不出賣同志。

■詹天佑
　　（一八六一——一九一九）中國傑出的鐵路工程師。一九〇四年，主持北京至張家口鐵路（京張鐵路）的勘測設計和施工，決定採用千分之三十三坡道和之字線的方案，在當時施工條件下頗為不易。一九一三年被任命為中華民國政府交通部技監，對於掌握全國鐵路的技術標準起了積極作用。同年中華工程師學會成立，他被選為第一任會長。
■泰勒
　　（Frederick Winslow Taylor，一八五六——一九一五）美國工程師、科學管理學者、發明家。一九〇六年當選為美國機械工程學會（ASME）會長。一九一一年發表了《科學管理原理》一書。首創工業企業科學管理，被美國實業界譽為「科學管理之父」，發表的主要著作還有《皮帶傳動》（一八九四）、《車間管理》（一九〇三）、《金屬切削工藝》（一九〇六）等。

程歝是中國人民大學國際關係學院的教授，談及此事的時候，他認為：國際社會曾經對這個運動抱有希望，企圖按照他們的意圖，按照符合國際資本發展的方向來控制運動的發展，所以他們在某種程度上，對當時中國的維新派，進行了某種支持。這樣一來就觸犯了慈禧的利益。特別是戊戌變法失敗後，那些志士們在逃亡的時候，得到了英國、日本的保護，慈禧對此始終耿耿於懷。

↑ 外國傳教士

↑ 列強各國在中國勢力範圍分布圖

在此次立儲事件中，各國的反對簡直是火上澆油，慈禧回顧了與洋人打交道的過程，認為洋人幾乎是在所有的問題上，都和她作對，這一想法在她的內心深處業已根深蒂固，影響了她在日後處理同外國人關係時的態度。在立儲事件中，利益受到損害的還有大阿哥的父親，即端郡王載漪。載漪是慈禧的侄女婿，一九○○年，他被慈禧委任主持總理各國事務衙門大臣、禁軍虎神營和神機營總兵等軍政要職。由於自己的兒子沒能登上皇位，使得載漪對外國人非常不滿。

外國公使們在拒絕承認中國新

↑ 袁世凱像

↑ 裕祿像

皇帝的同時，則向慈禧提出了一個他們
更加關心的問題。他們聯合照會清政
府，要求馬上宣布鎮壓兩個反對外國人
的秘密社團。這兩個所謂的秘密社團就
是遭到外國人痛恨的義和拳和大刀會。
義和拳和大刀會，是民間許多帶有神秘
性質的秘密結社中的兩支，主要活動在
北方的山東、河北等地，以練拳習武、
治病療傷和鄉里自衛為宗旨，但是在甲
午戰爭之後，他們的矛頭開始指向了在
華的外國人及其傳播的洋教。洋教指的
就是天主教、基督教、新教等西方宗
教。

　　十九世紀下半葉，西方主要強國通
過同清政府簽訂條約，使西方宗教獲得
了在中國內地建立教堂和傳教的權利，
大批傳教士自由地進入了中國。他們建
立教堂，廣收教民。到十九世紀末，在
中國的外籍傳教士，已經達到三千多
人，共建立教區四十個，教會六十多
個。入會的教民，達到數十萬人。在良
莠不齊的傳教士中，有一部分人利用各
種手段，在傳教地侵佔田地，聚斂錢
財，甚至越俎代庖，干涉中國地方政府
的權力。一些入教的中國教民，也在傳
教士的庇護下，橫行鄉里，欺辱同胞，
引起了許多人的不滿。在這種情形下，

⚐ 法國使館

⚐ 英國使館

⚐ 日本使館

⚐ 俄國使館

以義和拳、大刀會為首的諸多民間
組織，開始在山東、河北等地，率
領百姓攻打教堂，驅逐傳教士和不
法教民，這一類活動，被清政府稱
為教案。八國聯軍侵華前的四十年
間，全國共發生了各類教案八百多
起。

面對此起彼伏的反對洋教浪
潮，各國公使均要求清政府，對其
進行鎮壓，但是隨著列強對中國侵
略的不斷深入，反洋教運動，已經
是愈演愈烈。到一九〇〇年，義和

↑ 美國使館

↑ 奧地利使館

↑ 西什庫教堂

↑ 西什庫教堂的總主教 法國人樊國梁

拳等組織，逐漸有了統一的名字，
即義和團，並提出了「扶清滅洋」
的一致口號。

列強變本加厲的侵略，導致清
政府內部，也出現了反對外國在華
勢力的情緒。甲午戰爭後，列強對
中國內地產生更大興趣，各國均想
獨吞中國這塊大蛋糕。為瓜分中
國，得到更多的利益，各國想方設
法取得採礦與修建鐵路的權利，他
們在中國劃分各自的勢力範圍。從
一八九七年，德國強佔膠州灣，把

⤒ 原法國使館舊址

⤒ 清軍趕往東交民巷

⤒ 義和團員

山東佔爲它的勢力範圍後，各國紛紛效仿，英國將長江流域，法國將兩廣和雲南，俄國將東北，日本將福建，都劃作了各自的勢力範圍。

程歡：這件事情是中國一個空前的大變局，這樣的變局又引起了朝野震動，也威脅到慈禧這個統治集團的利益。

列強瓜分中國的企圖，引起清政府高度警覺。針對如何處理同外國人的關係和其最爲關心的義和團問題，清政府內部出現了完全不同的兩派意見。

對此，義和團研究專家、河北大學黎仁凱教授認爲：一派是以原來的后黨爲首，代表人物包括載漪、剛毅、趙舒翹、

載勳、啓秀等，他們主張招撫義和
團，用義和團的力量來抵抗外國的入
侵，和外國人開戰；另一派就是以封
疆大吏李鴻章、袁世凱、張之洞、劉
坤一爲首，此外還包括榮祿，以及朝
廷大臣袁昶、許景澄等人，主張鎮壓
義和團，與外國和談，不要輕易地打
仗。由於觀點不一，兩派之間展開了
非常激烈的鬥爭。慈禧太后在兩派中
間搖擺不定，猶豫不決。

↑ 義和團入京後所建壇口舊址　于謙祠

　　朝廷內部的派別鬥爭，從戊戌變
法時期就已經開始，義和團興起之
時，頑固派想把當時的一些洋務派、
戊戌變法時期主張改革的一些人物打
下去，打下去依靠什麼力量呢，於是
便想利用義和團的力量。

↑ 王府井教堂

　　在朝廷中，大部分朝廷大臣，也
不一定相信義和團提出的諸如刀槍不
入、神兵天降等言論，但又寧願相信
民心可用，認爲這是上天在派義和團
來懲罰洋人。正是這種從上到下、普

↑ 守衛教堂的中國教民

遍存在、日益高漲的反對外國在華勢力的情緒，給列強造成了清政
府不但沒有真正鎮壓義和團的計劃，反而還在暗中姑息的印象。

　　從清政府的最高統治者慈禧來講，對於是否嚴厲鎮壓義和團，
也一直存在著矛盾心理。一方面，在現實社會中，的確存在著部分
教會欺壓百姓的現象，她擔心對義和團過分地鎮壓，會激起更大的
民變，從而使局面難以收拾；另一方面，慈禧也顧慮，如果不鎮壓

↑ 義和團員

義和團，讓其蔓延發展下去，又會給列強侵略提供口實。在這種情況下，慈禧對義和團採取的是剿殺和安撫並重的策略。清政府承認義和團通過練習技藝，自衛保家，互保閭里的行為，希望通過和平方式，將其變為鄉團、保甲一類的組織，對穩定地方治安起到一定的積極作用。但在騷亂最集中的山東、直隸（今河北一帶）兩地，慈禧又下令山東巡撫袁世凱和直隸總督裕祿對其進行鎮壓，只不過不斷告誡他們，「慎之又慎，不可一意剿擊，致令鋌而走險，激成大禍，而應以彈壓解散，為第一要義」。

針對慈禧對義和團的這種態度，北京大學歷史系林華國教授評價為，慈禧的政策跟帝國主義的要求，中間存在著一個差距，這個差距就在於，依照帝國主義的要求，對任何義和團組織，不管它有沒有活動，一律要嚴禁，一律要鎮壓。而慈禧知道這種做法是行不通的，如果不分青紅皂白一律鎮壓，就會大大擴大打擊面，出現清政府不願意看到的局面。事實上，當時的清朝清政府不是不鎮壓義和團，它是在鎮壓，但鎮壓的範圍只是限制在對那些正在進行活動的、正在進行鬥爭的義和團進行鎮壓。然而，在直隸，裕祿把鎮壓的範圍擴大了，對一些還沒有進行鬥爭的義和團，他也進行鎮壓，結果造成的效果是什麼呢？義和團參加鬥爭的隊伍就越來越多。

總而言之，在一九○○年戰爭爆發以前的數年間，清政府對義和團的態度，一直是模稜兩可，但是外國人卻無法接受這種騎牆的政策。此時，各國強烈要求堅決鎮壓義和團，清政府對此馬上明確表態。一九○○年初，義和團運動擴展到京津地區，兩地的外國人

更加緊張，第一次照會清政府已
經過去了將近兩個月，還沒有得
到結果，各國公使便召開了第二
次會議，並發表聲明，一旦中國
不發布上諭，他們就要讓海軍聯
合示威。在等待了二十多天仍舊
沒有結果後，各國公使於四月六
日再次發表聯合照會，先令清政
府在二個月以內剿滅義和團，否
則將代為剿平。這是列強第一次
透露了出兵的意圖。這種武裝干
涉中國內政的要求，遭到了慈禧
的拒絕。一周後，天津大沽口外
的海面上，就出現了英、法、
美、俄等國前來示威的軍艦，事
態開始擴大。

⬆ 停泊在大沽口外海面上的聯軍軍艦 1

⬆ 停泊在大沽口外海面上的聯軍軍艦 2

　　西什庫教堂是當時一座著名
的天主教堂，該教堂是當時天主
教在中國北方地區的總堂。當
年，西什庫教堂的總主教是法國
人樊國梁，他二十五歲就來到中
國傳教，此時已經五十多歲的樊
國梁，被看成了在華外國人中舉
足輕重的元老。

⬆ 停泊在大沽口外海面上的聯軍軍艦 3

　　一九○○年的五月十八日，樊國梁給當時的法國駐華公使寫了
一封信，信中出現了這樣的字樣：北京四周已受包圍，拳眾日漸逼
近京城，宗教迫害只不過是一個掩飾，義和團的主要目的，是要消

滅歐洲人，這種目的已經清楚地寫在他們的旗幟上，公使先生，我認爲我有責任要求您，給我們至少派四、五十名水兵，前來北堂，保護我們和我們所有的東西。樊國梁的書信，在北京的外國人中激起軒然大波。第二天，這封信便成了一份號召書，在所有的駐華公使中傳閱。

五月二十日下午，英、法、美、俄、德、日、意、奧、西、葡、比等十一個國家的公使，召開了緊急會議。會議呼籲各國公使，重視樊國梁的估計和判斷，正式建議共同調兵來京，保護使館和教堂。會議決定，如果中國政府在五天內，還不能給出滿意答覆的話，各國軍艦將再組織一次海上示威。爲了避免事態擴大，在接到十一國照會後，慈禧下達了剿殺義和團的命令，對京師附近的義和團，開始剿殺，並派遣了精銳的武衛軍聶士成部前往實施。那麼，爲什麼慈禧拖了這麼久，才給列強一個答覆呢？

林華國認爲，慈禧要考慮她在中國的統治，如果她一味地鎮壓，義和團越來越多，鬥爭越來越厲害，這將會影響到她的統治地位。在是否對義和團進行鎮壓這個問題上，一連很長時間，慈禧都不肯向帝國主義讓步，就是你要求我全面禁止，全面鎮壓，那我不同意，我就要分清情況。當然，後來帝國主義施加的壓力越來

↑ 西摩爾

⬆ 西摩爾的軍隊

⬆ 克林德

越大，讓慈禧沒有辦法再拖延了，在這樣的情況下，她就開始考慮，我是惹火了義和團危險大呢，還是惹火了帝國主義危險大。這一比較，她當然更怕的是帝國主義，就是說為了避免帝國主義出兵，她就只好接受帝國主義的要求，對義和團進行剿殺。

儘管如此，清政府仍舊沒有按照列強的要求，開始對義和團進行全面鎮壓，所以各國公使，依然按照自己的時間表，在規定的五天最後期限過後，召開了會議。會議中，法國公使又披露了一個情報，情報說，一次危及在北京所有歐洲居民生命的嚴重騷亂即將爆發。他極力主張，如果中國政府不立即採取行動，各國使節應馬上調來衛隊。這個情報，顯然是莫須有的，實際上此時義和團還沒有進入北京，北京也沒有任何一處使館和教堂遭到攻擊，更何況，清軍已經開始鎮壓鬧事的義和團，京城內外國人的莫名恐慌，是沒有根據的。當時在場的英國公使和俄國公使，也對情報的真實性表示了懷疑，但是在隨後的表決中，這種假定的危險，使得各國公使一致決定調兵進京，並隨後將會議的結果照會了清政府。

收到照會後，慈禧馬上命令步兵統領衙門，派兵在東交民巷附近晝夜巡邏，保護使館，不給列強派兵的理由，隨後她還讓總理衙

↑ 西摩爾聯軍北犯示意圖

門，照會各國，不准外國軍隊前來北京，但遭到拒絕。列強表示，各國調兵進京的決心已定，希望清政府能立即通知負責天津防務的直隸總督裕祿，以防發生衝突。列強這種無視中國主權的舉動，再次引起清政府部分王公大臣的不滿，他們堅決反對外國人派兵進京，極力主張要採用強硬手段來對付列強的步步緊逼。然而，在最後關頭，慈禧退縮了。五月三十一日，她讓總理衙門致函各國公使，撤回反對意見，同意各國派兵進京，但規定每個國家來京軍事人員，不得超過三十名。一旦治安恢復平靜，應馬上撤退。

從此，外國軍隊開始堂而皇之地向北京開進，從五月三十一晚到六月八日，攜帶新式武器的各國軍隊，已有接近一千人進入北京城，其人數遠遠超過了規定的限制。由於東交民巷距離皇城不遠，大清王朝的心臟，再次受到了洋槍洋炮的威脅。此時，剿殺義和團的命令已經發布，外國士兵也已經開始自行保護使館和教堂，清政府完全在按照列強的要求行事，但是局勢並沒有因此而緩和下來。從六月十一日開始，大批的義和團團民，開始川流不息地擁入北京，很快就達到了數萬人，為什麼大量的義和團，能夠順利進入重兵把守的北京城呢？難道慈禧此時已經接受了載漪他們聯合義和團來抵禦洋人的建議，並默許了義和團進城嗎？在獲知大批義和團進入北京後，慈禧連發幾道上諭，上諭中強調，對來京的拳匪，要嚴行查禁，弩棒驅之，欲有持械喊殺之犯立即虜獲，送交提督衙門，極刑正法。此外，她還指派九名大臣，分駐京城的九門，監察出入情況，並命令軍隊迅速剿捕，從上述慈禧對義和團的態度來看，此

時她對義和團的政策並沒有改變，那麼問題出在哪裏呢？

程歔認爲，義和團的大量進京反映的是一個非常複雜的矛盾，首先，洋人先進的北京，也就是說可以看成是，八國聯軍的第一批先頭部隊，也就是衛隊，即使館衛隊進了北京，衛隊進了

⬆ 大沽口炮臺舊照

北京以後，實際上它已經控制了皇城的要害地區，直接對皇宮形成了威脅。在這個時候，慈禧曾經派出兩個人到涿州，一個是軍機大臣趙舒翹，一個是軍機大臣、協辦大學士剛毅，慈禧的這個意圖實際上是想依此來換取外國部隊的妥協、撤退，但是效果沒有達到。清政府的這一舉措，沒有換取到外國人的條件，以此迫使外國人撤退，或者緩和目前的形勢。但是它起了一個作用，就是牽制了京南的清兵對義和團的鎮壓，爲義和團獲得了一個發展的時間和空間。而這兩位大臣，又和一些主戰的、主張排外的那些王公、貴族、官僚、御使達成了一種默契，這種默契就是，它助長了當時並沒有攻城實力的義和團、零散的義和拳民們，向天津和北京進發的時間，一個非常複雜迷離的局勢就這樣開始了。

由此可見，默許義和團進京的並不是慈禧，而是朝中主戰派王公大臣，因爲他們始終都希望慈禧能夠聯拳抗洋，正是他們打開了京城九門，造成了義和團蜂擁入京的事實。但歷史資料顯示，截止到六月十二日，進城後的義和團團民們，只是在北京建立壇口，聚眾練拳，外國人所擔心的恐怖事件，一直也沒有發生。直到十二日這一天，在北京出現了義和團焚燒教堂和部分洋行的情況後，外國

人才開始受到攻擊。對此，《庚子大事記》中的「六月十二日記」這樣寫到，「今晨探報，東華門外教堂起火，不少教民牽北而去，是爲義和團入京第一次肇禍也」。英國《每日電訊報》駐華記者辛普森也在六月十二日的日記上說，拳民火燒禮拜堂及內城部分洋房後，洋人起而開槍，大規模衝突由此開始。

十三日，義和團焚燒教堂和洋房的行動，進一步擴大，更多的教堂被燒。此時的義和團已經開始砍殺外國人和中國教民。事情發展到這個地步，會給人一種錯覺，北京的局勢確實像各國估計的那樣，開始惡化了，如果再不做出反應，那麼在京的外國人，就將遭受滅頂之災。

事情果真如此嗎？

從目前中外均已承認的時間表來看，局面失控的責任，恰恰是在列強。

六月九日，也就是大批義和團進入北京的兩天前，各國公使開會做出決定，調遣大部隊進京。六月十日，也就是大批義和團進京的前一天，在得知各國公使，決定派遣更多部隊進京的要求後，大沽口外，各國軍艦的指揮官們，便派出了英國遠東艦隊司令西摩爾中將率領的二千零五十三名聯軍。從塘沽登陸趕往天津租界，並於當天乘火車向北京進發，這次派兵，更加明顯地超出了清政府允許的限額。駐守天津的直隸總督裕祿，害怕阻攔聯軍，將導致戰爭，所以沒有採取任何措施，但他迅速把這一消息電告了慈禧。西摩爾率領大隊聯軍，向北京開進的消息，傳到北京城後，引起恐慌。京城內中國人和外國人的矛盾，開始升級。在得知大部隊即將趕到後，外國使館的衛隊開始主動出擊尋釁，與義和團和部分清軍發生衝突。六月十一日，也就是西摩爾出發的第二天，日本使館書記員山三兵，出城迎接聯軍時，被駐守南城永定門的董福祥部的士兵攔截，雙方發生衝突，山三兵被殺。十三日，德國公使克林德在使館

外的馬路上，攔截兩名過路的義和團，並將其中一人抓住，交付使館衛隊，由此可見，正是由於列強一味派遣大隊聯軍進京的舉動，才遭到了六月十一日大批團民進京和城內中外敵對情緒的增加，並導致了幾天之後，義和團對教堂的圍攻。

　　面對日益混亂的局面和可能爆發的戰爭，慈禧再也坐不住了。六月十二日，她命令幾位大臣先後兩次前往東交民巷進行交涉，試圖阻止西摩爾的聯軍進京，但各國公使的答覆是，各國之兵現已決計入京，我等已無力阻止。此時的慈禧，已經確信，西摩爾聯軍肯定要進入北京，留給她考慮的，只有是否阻止和如何避免戰爭的問題了。

　　從六月十三日開始，慈禧發布了一連串的上諭。針對西摩爾聯軍，她電告直隸總督裕祿，對聯軍實力盡阻，又將正在鎮壓義和團的武衛軍聶士成部，全部調回京津鐵路沿線設防，並諭令大沽口守將羅榮光嚴防不測。她在上諭中說，如有外兵進入畿輔，定唯裕祿、聶士成、羅榮光是問。

　　對此，林華國教授評價說，西太后對於外國軍隊大批地進入中國領土，她是有一定警惕的。因為這是一個主權國家有沒有主權的標誌。如果外國軍隊可以任意地、大批進入你的國家，甚至於進入你的首都附近，那就等於說，你的主權沒有了。慈禧太后雖然軟弱、妥協，但是還沒有到那個程度，拱手把主權完全交出去，她不願意。

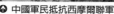
⬆ 中國軍民抵抗西摩爾聯軍

　　針對義和團，慈禧再次下令，嚴加剿辦。她知道那些滿洲貴族率領的八旗兵不會真正去剿殺，所以特地從山海關和山東袁世凱處調兵鎮壓。從慈禧的這些舉動可以看出，當時她的確希望避免戰爭的爆發。一方面她做好最壞打算進行備戰，一方面為了求得列強的諒解，對義和團進行堅決鎮壓。

　　從天津到北京，只有一百來公里。在當時，坐火車當天就會到達。可是那隊西摩爾率領的聯軍出發後不久，就再也沒有了消息。原來這支聯軍，在前往北京的途中，遭到了頑強的阻擊，天津、廊坊一帶的數千名義和團，自發地組織了這次阻擊戰。他們拆毀鐵路和電報線，不斷對聯軍進行襲擾。他們用大刀、長矛和擁有洋槍、洋炮的聯軍戰鬥，使其寸步難行。負責京津鐵路防務的清軍聶士成部，也參與了戰鬥。由於義和團和清軍的連續阻擊，團民們又不斷拆毀京津之間的電報線，西摩爾聯軍與後方的聯繫時斷時續，十四日，西摩爾與外界的聯繫徹底中斷。從北京到天津，不再有人知道這支聯軍的情況，人們開始分別按照自己的邏輯，來針對這段暫時的空白，採取行動。

　　在北京，十四日這天，使館衛隊繼續主動外出挑釁，殺死數十名團民，慈禧連發八道上諭，要求加緊鎮壓義和團。十五日，她還給身在廣州的兩廣總督李鴻章去電，第一次要求他迅速來京，顯然她想借助李鴻章與外國人的良好關係，來緩和目前的局勢。在天津，由於遲遲沒有西摩爾的消息，租界的各國領事和艦隊司令開會討論，認為有必要採取更大的行動。英國外交部甚至發來指示，要求其在華軍政人員，自行決定，採取最合適的行動步驟。十六日，慈禧緊急召開了御前會議，會上決定，派兵到京郊馬家鋪一帶，阻攔西摩爾聯軍，如果不服阻攔則決戰，這表明，慈禧此時要阻止聯軍大部隊入京的態度，仍非常堅決。同時，為了防止使館衛隊再次和義和團發生衝突，也為了防止義和團進攻使館，慈禧還下令，讓

自己的心腹，即身為軍機大臣和武衛軍總節制的榮祿，率兵趕往東交民巷，保護使館。

由於清政府已經按照列強的要求，把天津海防前線的大批部隊，調去鎮壓義和團，造成京津一帶兵力嚴重不足，從外省調遣軍隊，短期內也無法到達。在這種危急情況下，慈禧對義和團的態度，開始出現了變化。

程歗教授分析說，使館衛隊進城以後，慈禧有一個很大的擔心，這支部隊很可能不僅僅是鎮壓義和團，而且有可能把她和以她為首的這個統治架構搞掉。因為當時國際上有輿論，也有流言，呼籲把光緒皇帝重新找出來，重新把光緒放到帝位上。面臨這種輿論環境，以及目前的局勢，就促使慈禧要考慮，她的統治的穩定性問題。

御前會議這一天，慈禧下令對義和團暫停鎮壓，要求將其中

↑ 聶士成

↑ 李鴻章

↑ 榮祿

年輕力壯的團民編入部隊，儘管如此，她還是顧慮重重。她下令首席軍機大臣禮親王世鐸，親自去查驗義和團，到底有沒有臨敵作戰的能力。這表明，正是在戰爭迫在眉睫，自身統治地位受到威脅的情況下，慈禧才不得不考慮，聯合義和團、抵抗洋人的可行性，而

並不是列強認為的那樣，從一開始，便想聯拳抗洋。還是在這一天，雙方的敵對行為進一步升級。義和團開始圍攻西什庫教堂。天津大沽口外，聯軍的軍艦，已經做好了登陸準備，京津地區的空氣中，充滿了火藥味。此刻，已經不再有人能夠阻止這場戰爭的到來了。

\<2\> 清軍和義和團對東交民巷的圍攻

大沽炮臺，是清政府設在天津海河入海口的要塞，守護著京城的安危。但截止到一九○○年，大沽炮臺已經先後被英法聯軍突破了兩次。八國聯軍侵華以前，清政府在此建成了擁有四個炮臺的防禦體系，這四個炮臺分布於海河入海口的兩側，共配置了一百七十門火炮，其中大部分是當時先進的德國克魯勃和英國的阿姆斯壯建造的。長年駐守在大沽炮臺的清軍有三千人，守將是天津鎮總兵羅榮光。一九○○年六月十六日夜裏十點左右，聯軍艦隊向大沽炮臺的清軍陣地派出了一名俄國海軍中尉，當這位

↑ 大沽口炮臺舊址

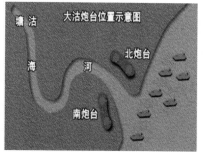

↑ 大沽口炮臺位置示意圖

下級軍官見到六十三歲的炮臺守將羅榮光後，向他宣讀了一份聯軍的最後通牒。通牒限令，中國守軍在次日凌晨兩點之前，必須讓出南北炮臺，以便聯軍進駐，否則將開炮奪取。羅榮光當即拒絕了最後通牒，並將消息上報了在天津的直隸總督裕祿，要求增援。

　　六月十七日零點五十分，在距最後通牒限定的時間，還有七十分鐘的時候，大沽口海面上的二十二艘聯軍軍艦，開始向大沽炮臺開炮，清軍立即開炮還擊，戰爭正式爆發。由於彈藥庫被炸和天津的援軍沒有如約前來，炮臺守軍在抵抗了六個小時後，南北炮臺相繼陷落，守軍大部陣亡。

　　就在聯軍進軍大沽炮臺的時候，北京還不知道戰爭已經爆發。六月十七日，慈禧召集了第二次御前會議。會議關心的仍舊是阻止由西摩爾率領的聯軍進京問題，由於當時被義和團破壞的電報線仍舊沒有修復，清政府和外國使館，都不知道西摩爾的聯軍到底走到了哪裏。六月十八日，也就是大沽炮臺陷落的第二天，慈禧收到了直隸總督裕祿，在第一時間派人送來的那份最後通牒。由於不知道大沽口是否已經開戰，慈禧馬上召集了第三次御前會議，商討對策。朝中上下針對到底是戰是和的問題，展開了激烈爭論。

　　陳振江是南開大學歷史系教授，他對這次御前會議做了介紹：在會議上，爭論的主要是兩派人物，形成兩派勢力，一派是以載漪

⬆ 大沽口炮臺的大炮 1

⬆ 大沽口炮臺的大炮 2

和剛毅這兩個人為首，他們堅決主張利用義和團的力量，來消滅外國人，因為義和團是義民；一派力量是以光緒、許景澄為首，他們是戊戌變法的支持者，認為義和團是亂民，外國侵略者是侵略，但是和好幾個國家一塊作戰，對中國是相當不利的，堅決不同意對外宣戰。

在御前會議激烈爭論過程中，載漪說他可以率兵攻打使館，殺死外國使臣。光緒皇帝打斷了載漪的談話，並斥問，甲午戰爭的教訓，還不夠嗎？一個日本我們都打不過，眼下列強軍力十倍於日本，一旦戰爭爆發，必敗無疑。光緒認為，義和團必須馬上鎮壓。主和的大臣們，支持光緒的意見，強調義和團的法術臨陣無法禦敵，不能冒險與眾國開戰，並指出，一定要保障在京外國使館人員的安全，否則按照《萬國公法》規定，凡使臣性命不保，他日懲責，雞犬不留。但主戰的大臣們則認為，義和團的法術，完全可以抵禦洋人的進攻，軍機大臣剛毅更說，洋

↑ 董福祥

【秋風秋雨愁煞人】

徐錫麟在安慶起義失敗後，秋瑾籌備了紹興起義。雖然形勢不容樂觀，但秋瑾卻下定犧牲的決心，她說：「革命必須流血才能成功，為喚醒民眾，我願做中國女界為革命而死的第一人。」起義失敗，秋瑾被捕，她寧死不屈，絕不供出其他革命黨人。敵人讓她寫供詞，她拿起筆寫下了「秋風秋雨愁煞人」幾個大字然後把筆扔到了一邊。行刑那一天，她甩開架她的清兵，自己昂首闊步走向刑場，英勇就義。

■鄒容

（一八八五—一九○五）中國近代民主革命烈士。一九○二年留學日本，參加留日學生愛國運動。次年回國，在上海愛國學社撰成《革命軍》，號召推翻清朝統治，成立中華共和國。由章炳麟作序發表，並登報介紹，影響甚大。

■韋格納

（Alfred Lothar Wegener，一八八○—一九三○）德國氣象學家和地球物理學家。大陸漂移學說的先驅者之一。一九一二年第一次闡述了對大陸漂移的論點。一九一五年出版專著《海陸的起源》，試圖證明全球各大陸曾經經歷過大尺度的水平移動。

兵的腿不能彎曲,開戰的時候,只要把洋兵扳倒,他將無法站立。當天的會議,沒有任何結果,一場關係國家命運的爭論,就這樣結束了。

此時,是戰是和,真正能夠做出決策的,只有六十五歲的慈禧太后。但是要讓她做出準確的決策,也確實很難。這一天,唯一讓她舒心的消息就是,前些日子派出的武衛軍董福祥部,已經和義和團一起,把那支西摩爾的聯軍阻擊在了廊坊,據說西摩爾已經開始向天津撤退。

↑ 大沽口炮臺陣亡的將士

↑ 天津城埋伏地雷,董軍大勝西兵圖 1

就在中國最高當局還在為是否與各國交戰而爭執的時候,戰爭已經在天津開始了。戰爭爆發的當天,聯軍進攻大沽炮臺的消息傳到天津,天津的清軍和義和團立即做出反應,他們一面拆毀了從大沽到天津的鐵路,一面迅速向外國人聚居的紫竹林租界集結,第二天上午,清軍和義和團

↑ 天津城埋伏地雷,董軍大勝西兵圖 2

完成了對紫竹林租界和老龍頭火車站的包圍,直隸總督裕祿下令開始進攻。

由於租界內的聯軍和自衛隊的兵力根本無法和中國軍民抗衡,租界的領事們便向大沽口的聯軍求援。派去求援的英國軍官,四天

↑ 慈禧像 3

↑ 慈禧像 4

↑ 清政府總理衙門

後才到達大沽。大沽口的各國軍隊指揮官在得到求援的消息後，立即決定增援天津，隨後又一批七千三百人的聯軍，撲向天津。

戰爭爆發第三天的六月十九日，大沽口已經開戰的消息，傳到了北京城內，京城上下群情激憤，義和團出現了要進攻東交民巷的跡象，慈禧急忙召集了第四次御前會議。

程歗教授認為：參加御前會議的榮祿，寫給他的叔叔，就是四川總督奎俊，有一封私信。因為是封私信，所以叔侄之間可以無話不談。在這封信中，有這樣一層意思，主戰一事始於端王，其他王公員勒隨心附和，原信中有「皆以上意為順」一句，這句話的意思就是說，我們都是愛新覺羅的近支子孫，不能夠把自己的江山，白白送給別人，我們不甘心。端王他們以「上意」為順，這個上意是誰呢？不會是光緒，只能是慈禧。

黎仁凱教授認為：慈禧太后總體上是坐在后黨頑固派的一邊，到了後來，她實際上被后黨載漪們控制了，她已經處於載漪這一派當中。事情發展到這種狀態，當然還有其他幾個因素，一個就是大

沽炮臺被外國人攻佔，這就使得慈禧太后異常惱火；再一個原因，因為義和團在廊坊阻擊戰中，曾經發揮了威力，使得西摩爾聯軍好幾天也進不了北京，最後還狼狽地逃回了天津。再加上大批義和團進入了北京，這就使得慈禧太后也覺得，義和團也可以打一陣子。她對義和團還抱著一種希望。

↑ 英國公使竇納樂

↑ 守衛森嚴的外國使館（上、下）

在這次會議上，主戰派的意見，最終佔據了上風，慈禧做出決定，準備交戰。當天下午三點，她派人照會各國公使，要求他們在二十四小時之內，離開北京前往天津。當晚公使們覆函清政府，請求延期赴津，並希望能夠在明天上午九點前得到答覆。第二天一大早，德國公使克林德，便離開東交民巷，前往清政府總理衙門，交涉公使撤離之事。在途經東單牌樓的時候，恰巧遇上端郡王載漪的虎神營官兵巡邏，克林德被清軍擊斃，這就是著名的克林德事件。

克林德是在八國聯軍侵華這段歷史事件中，被打死的級別最高的外國人。西方世界認為，享有外交豁免權的克林德被殺，是當年八國聯軍出兵中國的直接理

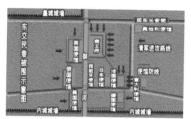

↑ 東交民巷被圍示意圖

↑ 被進攻的法國使館

由，但他們忽略了一個事實，聯軍在事件發生的四天前，就已經向清政府發出了最後通牒，三天前就已經攻佔了大沽炮臺。

克林德被殺後不久，清政府的答覆就如約送到了東交民巷，清政府的態度是，稍緩日期可以通融，但是警告說，由於團民和市民，民情激憤，各國公使一定不要到總理衙門，以免路上再出現意外。當日，慈禧下令起草了被史學界稱之為「宣戰詔書」的上諭。但儘管如此，她仍不願冒險開戰。由於大沽

↑ 養心殿東暖閣,慈禧太后垂簾聽政的地方

炮臺是否被佔，是宣戰與否的關鍵因素，所以她在當天給裕祿的上諭中，還在急切地詢問，究竟大沽炮臺是否被列強強佔，同樣是在這一天，一個讓中外之間爭論許久，史學界說法不一的重要事件爆發了。

六月二十日，也就是在克林德被殺的當天下午四點，大批的中國人，開始圍攻東交民巷的外國使館，這種行為一直持續到八國聯軍進入北京的時候。這些中國人，到底是些什麼人呢？長期以來的觀點認為，圍攻使館的是義和團，但這個說法並不正確。

林華國對此分析說，從一些可靠的資料分析來看，圍攻使館的肯定是清朝軍隊。這一結論從下面的分析中可以得到證明，其一是英國的公使始終在使館裏面，他給英國外交部寫了一些報告，在報告裏面談得很明確，進攻使館的從一開始就是清朝軍隊；其二，當時使館的工作人員也有日記，日記裏面寫的也是清朝軍隊。其三，中國的教民，參加守使館的中國教民也寫了日記，裏面記錄的也是中國軍隊；其四，美國的公使、比利時的公使，當時都曾經給駐天津的領事寫過密信，密信裏面寫的也是清朝軍隊在進攻使館。在上述這些材料裏邊，提到義和團的非常少。

其實早在義和團開始圍攻北京的教堂時，慈禧為了保障使館的安全，便派遣了自己的心腹大臣榮祿，率領他的武衛軍中軍，前往東交民巷對使館實施保護，當時的英國公使竇納樂在日後寫給英國政府的報告中談到，總理衙門將這道上諭通知了各國使節，並且徵求了他們關於如何才能最好地駐紮榮祿所屬部隊的意見。可見，榮祿的軍隊，確實為使館提供過保護。此後，東交民巷的防禦，內層有護館洋兵，外層有中國政府軍。手持大刀長矛的義和團，很難發動真正的進攻，因此進攻使館的主力不是義和團。

林華國認為：不能說義和團並不想去進攻使館，但事實上，整個使館是被清朝軍隊嚴密地包圍起來了。義和團除了個別人，曾經

進到保衛圈裏面去以外，其餘的人是根本進不去的，清軍把它隔離了。

此外，除了榮祿的武衛中軍，由董福祥率領的武衛後軍，也加入了進攻使館的戰鬥。二十日下午四時整，清軍從北面和東面開火，於是開始了中國政府軍隊，對北京使館有組織的進攻。慈禧為什麼會下達這樣的命令呢？難道她不知道，這種違反國際法的行為，會激起眾怒嗎？

在八國聯軍侵華的這段歷史中，東交民巷被數萬中國軍隊，攻打了將近兩個月。但是一直到聯軍進入北京時，也沒有被攻破，並且中間還經歷過數次停停打打，打打停停的反覆。這又是什麼原因呢？

↑ 原法國使館舊址

六月二十一日，也就是清軍開始攻打東交民巷的第二天，慈禧終於接到了裕祿派人送來的奏摺，奏摺證實了大沽和天津已經開戰的傳聞，這表明八個國家對中國的軍事行動已經開始了。

最後的關頭到了。一個重大棘手的問題，擺在了慈禧面前。中國和八個國家同時開戰，取勝的可能基本沒有，但是列強既然已經發動了戰爭，祖宗的江山社稷和

↑ 炮火轟擊後的肅王府

↑ 肅親王善耆

自己的權力一定要保全，到底應該怎麼辦？這一天慈禧下令頒布宣戰詔書，這份以光緒皇帝名義發布的詔書，用將近六百個漢字，歷數了幾十年來外國列強對中國的欺凌，強調了清政府一直對外國人採取的懷柔政策，以及此時被迫應戰的理由，詔書中第一次把義和團稱為義兵，號召軍民，「人人敢死，大張撻伐，執干戈以衛社稷」，詔書指出，中國土地廣有二十餘省，人民多有四百餘兆，「何難剪彼兇焰，張國之威」？詔書原文如下：「我朝二百數十年，深仁厚澤，凡遠人來中國者，列祖列宗罔不待以懷柔。殆道光、咸豐年間，俯准彼等互市，並乞在我國傳教，朝廷以其勸人為善，勉允所請。初亦就我範圍，詎三十年來，恃我國仁厚，一意拊循，及益肆梟張，欺凌我國家，侵犯我土地，蹂躪我人民，勒索我財物。朝廷稍加遷就，彼等負其兇橫，日甚一日，無所不至，小則欺厭平民，大則侮辱神聖。我國赤子，仇怒鬱結，人人欲得而甘心，此義勇焚燒教堂、屠殺教民所由來也。朝廷猶不肯開釁，如前保護者，恐傷我人民耳，故再降旨申禁，保衛使館，加恤教民，故前日有『拳民、教民，皆我赤子』之諭，原為民、教解釋宿嫌，朝廷

↑ 慈禧像5

↑ 舊式電報機

柔服遠人，至矣盡矣。乃彼等不知感激，反肆要挾，昨日復公然有杜士立照會，令我退出大沽口炮臺，歸彼看管，否則以力襲取，危詞恫喝，意在肆其猖獗，震動畿輔。平日交鄰之道，我未嘗失禮於彼，彼自稱教化之國，乃無禮橫行，專恃兵堅器利，自取決裂如此乎？朕臨御將三十年，待百姓如子孫，百姓亦戴朕如天帝，況慈聖中興宇宙，恩德所被，浹髓淪肌，祖宗憑依，神祇感格，人人忠憤，曠代所無。朕今涕淚以告先廟，慷慨以誓師徒，與其苟且圖存，貽羞萬古，孰若大張撻伐，一決雄雌？連日召見大小臣工，詢謀僉同，近畿及山東等省義兵，同日不期而集者，不下數十萬人，至於五尺童子，亦知執干戈以衛社稷。彼尚詐謀，我恃天理，彼憑悍力，我恃人心。無論我國忠信甲冑，禮義干櫓，人人敢死。即土地廣有二十餘省，人民多至四百餘兆，何難剪彼兇焰，張國之威？其有同仇敵愾，陷陣衝鋒，抑或仗義捐資，助益軍項，朝廷不惜破恪懋賞，獎勵忠勳。苟其自外生成，臨陣退縮，甘心從逆，竟作漢奸，即刻嚴誅，決無寬貸。爾普天臣庶，其各懷忠義之心，共洩神人之憤，朕有厚望

↑ 慈禧以光緒皇帝的名義給英國女王發出的國書

↑ 慈禧任命李鴻章為直隸總督兼北洋大臣的詔書

中國史話 ◆ 庚子事變

↑ 德國向中國派遣的遠征軍

↑ 威廉二世

焉。」這份詔書，實際上是一份對國內發布的戰爭動員令。值得一提的是，這份宣戰詔書對交戰對象並沒有明確交代，而是採用了一個略帶蔑視的詞「彼等」。

從這一天開始，慈禧對義和團的態度，發生了明顯變化。她稱義和團為義民，宣布停止對義和團的鎮壓，並傳令嘉獎。隨後，她還要求各省的督撫們，招撫義和團，聯合抗外。可以看出，在此刻慈禧的心裏，列強對其統治的威脅，已經遠遠超過了義和團，因此她要借助義和團的力量，來抵禦外國入侵。

慈禧聯拳抗洋的決心，在宣戰後第三天，得到了充分體現。這一天，她再次下令各省督撫，給義和團提供武器，以加強戰鬥力，並指派端郡王載漪和軍機大臣剛毅，負責統帥天下的義和團，希望將其納入政府控制。

在這種背景下，京津地區的義和團迅速發展，義和團的反洋教運動，和抵抗侵略的運動結合起來，得到了清政府的支持。從天津紫竹林租界，到北京東交民巷使館區，以及阻擊西摩爾聯軍的戰場，一場清政府與八個國家的戰爭就這樣開始了。

通過東交民巷使館被圍示意圖，可以看出，當時的英國使館是東交民巷內最大的也是距離皇城最近的使館，由於各國公使還經常在此集會決策，該使館具有指揮中心性質，這裏無疑將成為清軍的主攻目標。但從中外史料的記載來看，遭受最猛烈進攻的不是英國使館，而是法國使館和肅王府，這又是什麼原因呢？

　　林華國認為：在整個進攻使館的過程中，榮祿起的作用特別大，法國使館是由榮祿的軍隊負責進攻的，根據外國人的記述，進攻法國使館非常激烈。而英國使館是由董福祥來負責的，在英國人寫的材料裏面我們可以看到，進攻英國使館的行動比較少，造成的傷亡也特別少。董福祥是排外的，他的行動反而少，而榮祿是主張跟外國維持比較好的關係的，他的進攻行動反而比較激烈，為什麼會發生這種情況呢？

　　法國使館位於東交民巷的東南角，在整個被圍攻期間，先後傷亡了六十多人，佔整個八國傷亡總數的四分之一。肅王府位於英國使館東側，是肅親王的府邸。肅親王離開王府後，大批中國教民和日本士兵便佔據了這裏，當時東交民巷僅有九百多名外國人和二千多中國教民。而圍館的清軍，則達到了近二萬人，但他們卻始終沒有把最重要的英國使館作為主攻對象，當時身處英國使館的英國記者辛普森，也發現了這一現象。他在日記中寫道，作為我們根據地的英國使館，受到的影響很少。四個禮拜以來，這裏很難見到受傷的人，而在其他地方，死傷的人數，幾乎達到了一百二十人。他推測說，中國軍隊看來是接到了特殊的命令。

　　對此，林華國認為：有誰能夠指揮他們，就是既控制了董福祥的行動，又使得榮祿必須去進攻呢？在當時只有一個人有這種能力，那就是慈禧。進攻使館是違反國際法的，使館具有豁免權，那是國際公認的，已經成為一種常識，但對慈禧來說，在戰爭開始的情況之下，她認為中國沒有必要受這個約束。在當時，在戰場上作戰的清朝軍隊打不過外國人，在戰場上打不過該怎麼辦呢，當然就要求和。但對於慈禧來說，她不願意無條件地投降，要求談判、停戰的話，就必須給對方一定的壓力，對方才可能同意停戰，這個壓力用在哪兒呢？只有一個地方可以用，在北京來說，就是對使館施加壓力。

中國史話 ◆ 庚子事變

　　為了不傷害大多數公使的人身安全，清軍的進攻避開了公使們聚集的英國使館，顯然慈禧給自己留下了後路。但是她的這一策略，卻始終受到了外界因素的干擾。第一次干擾來自朝廷內部，六月二十五日，也就是慈禧下令攻打使館的第六天，端郡王載漪和莊親王載勳帶著六十多名義和團團民，衝進了紫禁城，他們鬧著要找二毛子算帳，聲稱要殺掉和洋人一條心的光緒皇帝，這種行為，被及時趕到的慈禧制止了，她揭穿了兩位王爺趁機作亂的企圖，殺掉了為首的團民。這件事給慈禧的刺激很大，兩個王爺居然帶著一群百姓闖進皇宮，要殺皇帝，這真是史無前例。經過這件事慈禧開始擔心，對義和團已經失去控制，她對採納載漪等人聯拳抗洋的決定，產生了顧慮。事後，她馬上傳令榮祿停止進攻使館，還派榮祿在使館外，樹立了「奉旨保護」的牌子。

　　但是僅僅過去了三個小時，進攻又重新開始了。竇那樂的報告上說，重新開始的射擊，是迄今所遭受的最猛烈的炮火。這是因為，慈禧又收到了天津傳來的消息，大批聯軍增援部隊，已經從大沽口出發，負責截斷西摩爾退入天津的一部清軍已經戰敗，於是她不得已又再次下令，開始了對東交民巷的進攻。六月二十九日，慈禧給清政府在八國的駐外使節們，發出了電報，要求他們針對宣戰一事，向駐在國進行解釋。電文的大意是這樣的，招撫團民，實在是迫不得已。大沽口的開戰，原因也不在中國，

↑ 英勇就義的聶士成像

↑ 天津租界舊址

中國就是再不自量力，難道還依靠亂民和各國同時開戰，中國將一如既往地保護各國的使館，自行解決義和團的問題。從上述電文中可以看出，慈禧並沒有下定決心與八國誓死一戰。

四天後，慈禧又以光緒皇帝的名義，給出兵最多的英、日、俄三國元首發出了國書，他們分別是俄國沙皇、英國女王和日本天皇。三份國書分別強調了中國同該國的特殊關係，與俄國沙皇還談到了兩國非同一般的交情，同英國女王談到了英國在華的商業利益，同日本天皇談到了唇亡齒寒的道理。國書的結尾，用完全相同的字句說道，唯望大皇帝設法籌維，執牛耳以挽回時局，並希惠時得因，不勝激切翹企之至。這些國書表明，清政府非正式地向列強表示了求和的願望，並且還把實現停戰的可能性寄託在了對方主動罷手上。隨後慈禧再次寄電兩廣總督李鴻章，讓其進京討論議和的問題。可是從六月下旬到七月初，不但這三個國家相繼增兵，而且德國也做出了大舉增兵的計劃。

早在德國駐華公使被殺的消息傳回德國後，德皇威廉二世就決定要向中國派遣遠征軍，他表示必須大舉進攻北京，將其夷為平地，他發出命令，任命瓦德西元帥為遠征軍司令，組織遠征軍奔赴中國戰

場。在港口送行時，他在談到為什麼要對中國實施報復和懲罰時說，「德國的旗幟受到了侮辱，德意志帝國遭到了嘲弄，對此必須進行具有示範意義的懲罰和報復，我派遣你們前往征伐，是要你們對不公正進行報復，只有當德國和其餘列強的旗幟一起勝利地傲視中國，高高飄揚在長城之上，強令中國人接受和平之日，我才會有平靜之時」。德國派遣遠征軍的原因，真像德皇那樣，只是為受到侮辱進行報復嗎？當年隨軍採訪的一名德國記者這樣寫道：「我們德國人，從事了有史以來的第一次殖民戰爭，我們進行這場戰爭，並不是為了基督教，也不是為了文化，而是為了貿易和我們在世界上的強權地位。」時任德皇顧問的普魯士軍隊總參謀長莫爾特克上將，在其回憶錄中寫得更為坦白：我們自然無須對整個遠征行動的動機進行討論，因為憑心而論，我們不能不承認，對於金錢的貪婪，是促使我們下手去切中國這塊大蛋糕的動機。顯然，德國是想借此機會，鞏固和擴大它在華勢力範圍。

在天津，從六月二十三日晚上開始，戰爭的形勢就開始向有利於列強的方向發展。從大沽口趕來的聯軍增援部隊，趕到了租界，使得租界的聯軍部隊，超過了萬人。清軍和義和團的進攻，被有效地遏制。加上從廊坊撤回的西摩爾聯軍，租界內的總兵力達到了一萬二千人，聯軍憑藉先進的武器，開始反攻。七月初，租界的聯軍決定，集中優勢兵力，主攻一個方向，將戰場移向租界以外。七月九日，清軍聶士成部，與聯軍在八里台展開了激戰。

對戰場的慘烈場面，我們可以通過陳振江的描述感覺到：當時的聶士成騎著戰馬，帶著士兵抵抗英軍的進攻，在猛烈的進攻中，聶士成一連換了四匹戰馬，四匹戰馬都被英國兵和日本兵給打死了，他自己也受了傷，腸子給打出來，還照常指揮作戰。見此情景，他的侍從就勸聶士成趕緊退下來，再組織還擊。聶士成講，這個時候不是退的時候，非血戰到底不可。最後他被日本兵打中腦穴

↑ 阿列克謝耶夫

↑ 八國聯軍在攻打天津時使用毒氣彈的情景 1

↑ 八國聯軍在攻打天津時使用毒氣彈的情景 2

↑ 清軍還擊進攻天津的八國聯軍的情景

死亡。

八里台之戰結束後，天津城外的眾多戰略據點，均被聯軍佔領，聯軍逐步完成了對天津城的包圍。北京方面，攻打東交民巷的行動，已經持續了近二十天。七月八日，慈禧第三次致電李鴻章，要求其馬上進京，並任命他為直隸總督兼北洋大臣，這表明清政府已經開始在和談大臣的政治身分方面，著手進行準備。

七月上旬，對肅王府和法國使館的進攻達到了高潮，十四日，清軍幾乎已經可以馬上攻破這兩地的防線，但就在這個時候，清軍的攻勢卻突然間減弱了。到了十六日，甚至停止了進攻。這是清軍第二次主動停火。英國公使竇納樂在他的報告中說，當時他們猜測外界已經發生了一些讓中國政府感到驚慌的事情，事實證明，這一猜測是準確的，使清政府驚慌失措的，正是天津戰局的急劇惡化，慈禧對眼下進攻使館的行動，再次產生了動搖。

七月十三，當時的聯軍總指揮，俄軍將領阿列克謝耶夫下達了總攻天津的命令，面對著裝備精良的侵略者，天津軍民奮起反擊。

陳振江教授：當時剛剛發明了毒氣

彈,也叫做裂地炮,或氯氣炮,打火車站的時候,聯軍打了氯氣炮。當時士兵在那站著,正在打槍的時候,聞到這個氣味站著就死了。進攻天津城的時候,聯軍又打了毒氣彈,往城裏面放毒氣彈,這個毒氣彈殺傷力更強,老百姓死了上千人,軍隊也死了不少。在這種情況下,清朝軍隊還是打得很厲害,聯軍攻了好幾次城都攻不下。美國的教會看天津城久攻不下,就派了一個教徒,這個人是個漢奸,他化妝成商人,到天津來,他給日本兵提供了一個消息,就是說天津城的南門,有一段城牆倒塌過,後來修得不是很堅固,如果用炸彈炸這段城牆,就很容易炸開。日本兵得到這個消息後,就扮裝成義和團到了這段城根下,用炸藥把城牆炸開了。在這種情況下,天津城被攻下了。

↑ 天津城的南門

↑ 攻克天津後的聯軍部隊 1

↑ 攻克天津後的聯軍部隊 2

　　七月十四日下午,八國聯軍完全佔領了天津。消息傳到北京後,慈禧急忙下達了暫停對東交民巷進攻的命令。

　　林華國:這又是爲什麼呢?這是因爲天津陷落以後,下一個危險之地是哪裏呢?八國聯軍可能要從天津往北京進發,北京危在旦夕。如果在這個時候,還在強攻使館的話,那麼等於在催八國聯軍趕快過來。慈禧的希望是八國聯軍不要打北京,這時對使館她就得放鬆一些。慈禧的意思就是說,只要你不進攻北京,使館問題咱們還可以談判解決。

　　清政府向使館遞交了一份照會，以保護使館人員爲名，要求他們離開使館，轉移到總理衙門居住。但這份照會卻遭到了各國公使的一致拒絕，他們堅決不出來，就是說你打也好，不打也好，我就在使館裏面待著。他們知道，出來以後，在誰的控制之下，那就是在清朝政府的控制之下，而在使館裏面，有自己的軍隊保護。當時出來有個條件，就是清朝政府給他的照會裏面有個條件，就是使館人員出來不准有任何武裝。解除了武裝才能出來，對他們來說更危險了。

　　慈禧又致函英國公使，強調中國自應加派隊伍，嚴禁團民，不得再向使館放槍攻擊，顯然她已開始謀求改善與公使們的關係，並企圖把攻打使館的責任，推到義和團身上。十九日，清政府以義和團的威脅已迫在眉睫爲藉口，再次要求各國公使離開北京，前往天津，並答應派兵沿途保護。公使們對這個要求，既沒有同意，也沒有回絕，只是反覆要求提供更爲詳細的計劃，延長清軍停火的時間，以拖待變。

　　停火後，雙方信使往來不斷，清政府一度以關心的姿態，詢問使館人員的安危，公使們回答，我們在這裏過得很好，只不過是需要一些新鮮的蔬菜和水果。沒過幾天，慈禧就派人向使館送去了四車蔬菜和瓜果，以示親善，從這些令人稱奇的舉動可以看出，慈禧真的害怕了，她的聯拳抗洋，以戰阻和的決心，愈發動搖。八國聯軍攻佔天津後下令，允許士兵搶劫一天，各國駐京的外交官、傳教士、紳士們都加入了趁火打劫的行列。姦淫劫掠的行爲，持續了遠遠不只一天，攻克天津的當天，英軍指揮官收到了英國公使十天前發出的求援信。信中說，如果中國人不加強進攻，我們可以堅持數天，到十天左右。如果他們下定決心，那就不出四、五天了。這樣看來，聯軍在佔領了天津之後，應該馬上進攻北京。可是後來的事實證明，聯軍在攻佔天津二十天後，才下達了進攻北京的命令。這又是什麼原因呢？

<3> 聯軍攻進了北京城

　　一九〇〇年夏天的廣州，沒有受到太多戰爭的影響，畢竟那是發生在遙遠京城的危機。七月十六日，就在清政府再次下令停止進攻東交民巷的當天，身在廣州的兩廣總督李鴻章，接到了慈禧對他委以直隸總督兼北洋大臣的任命。歷史又把這個充滿爭議的人物，推到了台前。

　　李鴻章（一八二三——九〇一），安徽合肥人。這位道光年間的進士是活躍在清末政治舞臺上的一位重要人物，他曾創辦淮軍，並在鎮壓太平天國和捻軍的過程中立下戰功。他還是北洋水師的創建者，並多年掌管著清政府的外交、軍事和經濟大權，是洋務派代表人物。他還不只一次地被派去和外國人談判，前後簽訂了三十多個條約，被慈禧譽為可挽危局的第一人。一八九五年，甲午戰爭中國戰敗後，李鴻章代表清政府，和日本簽訂了《馬關條約》，回國後，朝中大臣斥其無能，百姓罵他是賣國賊，為了平息眾怒和協調守舊派與洋務派的矛盾，慈禧免去了他直隸總督兼北洋大臣的職務。一九〇〇年初，李鴻章被任命為兩廣總督。在一九〇〇年的這場動盪中，李鴻章從一開始，就向朝廷表達了要堅決鎮壓義和團的態度，但沒有引起重視。隨著北京時局的惡化，慈禧

↑ 老年的李鴻章1

↑ 老年的李鴻章2

↑ 劉坤一

數次電召他進京，他雖然回覆立刻遵旨北上，但卻沒有離開廣州一步，顯然他對朝中主戰派大臣左右朝政的狀況非常不滿，用他自己的話說就是，朝中群小把持，慈禧回護，必釀大變。

深圳市委黨校副校長劉申寧教授是位中國近代史和李鴻章研究專家，他介紹說，當時拳民有一個口號，要殺一龍二虎十三羊。一龍就是光緒，二虎就是慶親王奕訢和兩廣總督李鴻章，十三羊就是主張議和的那些人，把他們都要殺掉，然後推動政府和洋人決戰。

程歊教授：在這種情況下，李鴻章在南方，首先應該說，非常敏感地反對這樣一次北方民眾的自發抗爭。也反對王公大臣們和拳民之間的一種所謂鬆散的聯合。

宣戰詔書發布後，慈禧再度催他前往北京，李鴻章的聲音竟是，此亂命也，粵不奉詔。他認為在國家實力十分脆弱的情況下，如果魯莽開戰，大清帝國將遭到滅頂之災。也許是當時中國南方日益活躍的商品貿易和經濟活動，潛移默化地影響了當地官員們的思維方式，兩江總督劉坤一、湖廣總督張之洞等南方大臣，在獲悉了李鴻章的態度後，確定了共同抗旨，以求東南互保的原則。

黎仁凱教授介紹說：東南互保，中心內容就是長江、內地，由東南督撫來保護，包括保護社會治安和外國人的生命財產。上海包括租界，這些由外國人來保護。

按張之洞的話講，這是一個權宜

↑ 張之洞

之計，在北京已經打亂的情況下，南方絕不能再亂，南方再亂，整個國家就要滅亡，軍餉、經費，包括上海等富庶地區，都要被外國人佔領，因此他就採取和外國人進行談判，通過談判達到互保。

事實證明，東南互保的政策，在庚子年的動盪中，確保了大清國南方半壁江山的穩定。這些抗旨的大臣們，最終也沒有受到朝廷的責難。南方的大臣們，還不斷上書慈禧，希望朝廷能夠盡快開始和談。與此同時，李鴻章也在等待機會。

程歠：甲午戰爭以後，李鴻章被排擠出中樞，到兩廣當總督的時候，他講過一段話，他說他是一個大清王朝的裱糊匠，一座破房子，修修補補，塗塗抹抹，就成為一間明窗淨室，但是不能捅破，如果要捅破的話，我這個裱糊匠也沒有辦法了。他的意思就是說，他的一切的事業就是維持當時的中國半殖民地、半封建社會的一種固定的格局，這種格局既不能讓外力來破壞它，也不想讓內力來破壞它，他只能是當一個裱糊匠的角色。在這種情況下，他要選擇一個北上的最好裱糊的時機，這種時機取決於國際和國內，各種力量的一種最後鬥爭的結果。

↑ 舊天津城鳥瞰

劉申寧：所以他就抗旨不去，一直拖，拖下去，他要觀察事態的發展，最終發展到什麼程度。

此刻，給他的這份直隸總督兼北洋大臣的任命書，讓李鴻章判斷，自己的主張有了實現的可能。再加上天津如此迅速地陷落，給他帶來了很大震撼。目前的種種狀態，促使他決定馬上北上。

劉申寧：李鴻章覺得，這個局面不收拾也不行了，應該抓緊時間來收拾局面了。所以他一方面通知中國駐外的一些使節，叫這些駐外大使跟各國政府聯繫，說他要北上，要去主持和談。希望能夠

⊙ 八國聯軍

聯絡停戰。

　　七月十七日，七十七歲的李鴻章，從廣州登船，沿海北上，當送行的官員問他有什麼辦法，可以讓國家少受些損失時，他感歎道，「不能預料，惟有竭力籌謀，暫緩年份，尚不知做得到否，吾

尚有幾年，一日和尚一日鐘，鐘不鳴和尚一死也」。五天後，李鴻章到達上海，但他卻突然停下不走了。

↑ 山口速成

他接到了他兒子李經述的信，李經述報告了京畿地區戰爭的混亂狀況，董福祥的軍隊在搶在奪在亂，京畿地區整個全部亂套了，李鴻章進北京也是群龍無首，招呼誰都不會聽。當時李經述的意見就是，你在上海靜觀事變，為國家下一步如何走留一個後手。你來了以後，叫人家把你殺了你都沒辦法。

↑ 日本軍艦

應該說，除了上述原因外，還有兩個因素促使李鴻章留在了上海。一個是他擔心慈禧的態度出現反覆。再一個，就是他向各國發出的和談請求，還沒有任何回音，李鴻章以健康原因，向慈禧告假二十天，在上海住了下來。後來的事實證明，他此刻的判斷是正確的。慈禧第二次下令停止進攻使館後，北京城內的局勢，出現了緩和。紫禁城和東交民巷間，談判書信的往來日趨頻繁，聯軍也沒有再向北京進軍的跡象，可是就在這期間，長江巡越水師大臣李秉衡的出現，使得慈禧的態度，又重新強硬了起來。時年七十歲的李秉衡，是為數不多的進京勤王的地方重臣之一，他是一位積極的抵抗派。七月二十七日，慈禧召見了李秉衡，在詢問他對時局的看法時，李秉衡回答，既已開戰不能言和，在慈禧又向他表示了對軍隊和義和團的失望，對既不能戰又不能和的局面，感到困惑時，李秉衡說，作戰不利這是督帥不善的結果，希望朝廷能夠重視軍民同仇敵愾的抗戰熱情。李秉衡還批評了

朝中上下部分大臣的消極態度，指出不誅殺外省一兩個統兵大臣，不足以震中國之勢。他表示，既已開戰，斷無不戰而和之理，若和，也在戰後而和。最後，李秉衡請求，赴前敵，決一死戰。慈禧在召見完李秉衡的當天便下旨，令其頒辦武衛軍軍務，並將外省趕來的幾支勤王部隊，劃歸他來節制。為了給朝廷中的主和勢力一個警告，她還先後下令處了五名對戰爭持不同意見的大臣。八月一日，慈禧下令恢復對東交民巷的炮擊。

對於中國而言，一九〇〇年七月下旬的這段暫時的平靜，就這樣過去了。而在這一時期，八國聯軍又在做什麼呢？

聯軍攻克天津的當天，英軍收到了英國公使十天前發出的求援信，信中說，如果中國人不加強進攻，我們可以堅持數天，到十天左右。如果他們下定決心，那就不出四、五天了。從這封密信顯示的緊迫性來看，聯軍應該馬上進攻北京，以解救使館人員，但事實上，沒有任何跡象表明，聯軍準備馬上開始他們的救援計劃。實際上，聯軍的確無法迅速開始他們的軍事行動，因為一場發生在聯軍內部的爭吵也在進行，正是這種爭吵，給七月下旬的北京，帶來了短暫的平靜。

聯軍的爭吵，是從各自兵力對比的問

題開始的。這一直是聯軍內部的一個敏感問題。因為在聯軍中，投入兵力的多少，將直接決定戰後各自利益的多寡。每個國家，都想盡可能多地向中國派兵。在這個問題上，八個國家各有各的情況和打算。

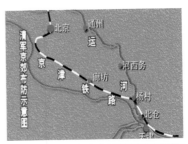

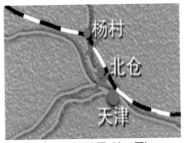

↑ 清軍京郊布防示意圖（上、下）

中國第一歷史檔案館朱金甫研究員：當時出兵最多的是俄國人，俄國人從旅（順）、大（連）那一帶，可以直接把兵力抽過來。其次好像是日本人，日本從朝鮮那邊抽兵過來也很快。當時在中國利益最多的是英國人，按理說英國人應該是出兵最多的，但是英國人正在南邊作戰，他的主要兵力用在那邊，在中國這方面，他抽不出兵力來，抽出的兵力也是湊合起來的兵力，主要是印度人，甚至還有中國人。德國的兵力也還沒有到。

日本為了防止俄國獨佔中國東北，提出了希望增兵三萬的計劃，日本的計劃引起了更大的爭論。

朱金甫：英國和俄國，本來就有矛盾。英國人為了對付俄國，同意日本出兵力多一些，而法國人也好像與英國有矛盾。

此時聯軍還不知道北京的局勢出現了僵持，到七月二十五日，聯軍已經佔領天津十一天。各國仍沒有就兵力對比問題，達成一致意見。這天，聯軍再次收到美國公使，在停火前從北京送來的密信，密信說，已經不能支持多久了，希望迅速前來救援，這是公使們給聯軍發來的最後一封求援信，北京的局勢，危在旦夕。使館人員性命難保，迫在眉睫的威脅，需要列強達成暫時妥協。英國出面

向各國保證，日軍完成任務後，不會留在中國追求特權，同時宣稱，如果日本人不這樣做，英國將會和各國一起，用艦隊來強迫日本履行他的義務。隨後俄國的態度出現變化，俄國表示，面臨目前的嚴重危機，任何其他考慮都必須服從營救駐京公使這一共同的和急迫的目的，無奈之下，各國同意日本增兵。幾天後，日軍第五十團在山口速成中將的率領下，從日本廣島趕到天津，七月底，日軍在華兵力達到一萬三千人，超過俄軍，越居聯軍之首。在這種情況下，各國為壯大自己的勢力，也都盡可能擴充了兵力，英國從印度、澳大利亞等殖民地緊急調兵，總兵力達到二千七百人。俄國將其在旅順和營口的兵力全部調到天津，總兵力達到六千六百人。美國從本土和菲律賓緊急調兵，總兵力達到三千一百人。法國從安南調兵，總兵力達到一千五百人，德國派遣的遠征軍，正在來華途中。但僅僅解決兵力對比問題，對於聯軍來說，是遠遠不夠的。一個新的問題，又冒了出來。那就是究竟由哪個國家軍隊的指揮官，來擔任八國聯軍總司令的問題。在這個問題上，各國吵得更是不可開交，從而使聯軍的進軍計劃，一拖再拖。

關於如何確定聯軍統帥資格的問題，各國的集中意見有兩個，一個認為，哪支軍隊指揮官的軍銜最高，那他就應該是聯軍的統帥。另一個認為，哪個國家出兵最多，這個國家的指揮官，就應成為聯軍的最高指揮官。在爭奪聯軍統帥權的問題上，八個國家展開了明爭暗鬥。在爭吵中，德國表現出了旨在德國的態度，德國以為克林德公使報仇為名，大造輿論，強烈要求列強同意由德國

遠征軍指揮官瓦德西擔任聯軍統帥。

　　時間一天天過去，轉眼進入了八月，聯軍始終沒能就誰來擔任統帥的問題取得共識，使館消息的中斷，令各國再度緊張，時間緊迫，不能再等了。八月一日，聯軍終於確定，將於三天後，向北京進軍。三萬聯軍中的一萬留守天津，其餘二萬，兵分兩路，一路由美英日三國軍隊組成一萬四千多人的左翼軍團，一路由俄法意奧四國軍隊組成的近六千人的右翼軍團。因為德國堅持要等到自己的遠征軍到達後再前進，所以此時向北京進發的，實為七國聯軍。

↑ 楊村

↑ 楊村之戰 1

　　八月四日下午，聯軍部隊從天津開拔，沿運河兩岸，向北京挺進。為了阻止聯軍北進，清政府在京津之間構築了兩道防線，並派遣了裝備精良的武衛軍在兩線駐防。第一道防線，是依託北倉鎮布設的北倉防線，守軍約九千人，第二道防線設在楊村，守軍約六千人，此

↑ 楊村之戰 2

時，還沒有解任的直隸總督裕祿為京郊防衛戰的總指揮，親自到前沿坐鎮督戰。八月五日凌晨，八千名日軍率先向北倉防線發起攻擊，與駐防清軍接火。

　　陳振江教授介紹說：日本兵進攻了好幾次，死傷很多。清軍的這個將領，曾經跟日本人交過手，日本人知道這支軍隊很厲害，於是日軍千方百計想攻破這道防線，但是清軍抵抗得一直相當激烈。日軍的毒氣彈也使用了，被英勇的清軍摧毀了。日軍最後就用一種

聲東擊西的辦法，就是攻擊清軍的弱點，把清軍陣腳給打亂了。

隨著英美軍隊炮火的加入，戰局逐漸明朗，天亮後，運河右岸的聯軍炮火，也加入了對清軍陣地的轟擊。聯軍隨軍記者這樣寫道，密集的炮火開始把清軍驅趕出了戰壕，清軍傷亡慘重，被迫退出陣地，退守楊村。

楊村距離北倉鎮十八公里，該防線以楊村火車站爲中心。跨運河構築了正面約五公里長的土牆。爲了視野開闊，清軍還砍掉了陣地正面一公里內的所有莊稼。加上從北倉陣地退回的部隊，楊村陣地上的兵力達到萬人。

按說武器先進的清軍，應該能夠對聯軍部隊進行有效阻擊，但實際的情況是，八月六日上午的楊村阻擊戰，只進行了九十分鐘，清軍的防線就全面崩潰了，戰鬥持續時間之短，超乎所有人的想像，以至於擔任主攻的美軍部隊，在佔領清軍陣地後，竟招致了聯軍其他部隊的猛烈炮擊，死傷慘重。這是因爲擔任炮火支援的英俄軍隊，沒有料到美軍能如此迅速地到達那裏。

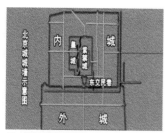

↑ 北京城牆示意圖

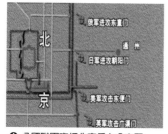

↑ 八國聯軍攻打北京兵力分布圖

面對兵敗如山倒的局面，五十六歲的裕祿絕望了，倉皇中裕祿逃進一處民宅，萬萬沒有想到的是，這間房子裏竟並排放著許多棺材，落魄的他再也無法迴避眼前這種宿命的結局，在外國士兵衝進大門的同時，裕祿舉槍自殺了。裕祿死後的第二天，慈禧還在授命李鴻章爲全權大臣，讓他即日電商各國外交部，先行停戰。在這種情況下，清軍逢戰必敗，也就不難理解了。

就在慈禧給李鴻章發去電報的同

↑ 八國聯軍攻打北京

↑ 美軍攻打東便門

↑ 日俄軍隊攻打正陽門 1

↑ 日俄軍隊攻打正陽門 2

時，另外一支隊伍也開出了北京城迎敵。率領這支隊伍的，正是李秉衡，李秉衡的這支隊伍，主要是由四支勤王的地方部隊和義和團組成，戰鬥力無法和鎮守北倉、楊村防線的武衛軍相比。八月九日，這支南下禦敵的部隊，還沒有來得及在楊村以北的河西布防，便與北上的聯軍遭遇，很快陷入被動。此時，從楊村方向潰敗下來的清軍，恰好路過。但這群破兵敗將，非但沒有聽從李秉衡的調遣合力抗敵，而且其瘋狂後撤的舉動，徹底擊垮了李秉衡所率部隊的心理防線，轉眼之間，部隊像水銀瀉地一樣，四散潰逃。此時李秉衡才意識到，他向慈禧描述的軍民同仇敵愾的景象，是不可能出現的。他連夜上奏，請求增援，但卻不見回音。兩日後，且戰且退的李秉衡發現，身邊的部隊已經越來越少，退到通州附近的張家灣時，身邊除了幾個幕僚外，再無一人。見到大勢已去，這位七十歲的老人，含恨服下了毒藥。

八月十二日，聯軍不費一槍一炮，佔領了北京的門戶通州。這裏距離北京只有二十公里了。當天晚上，聯軍召開會議，商討如何進攻北京的計劃。一份北京城的地圖，再次擺在了聯軍指揮官

們的面前。

在聯軍看來，北京城基本上是一個方型的巨大堡壘，高大厚重的城牆，竟然有四層之多。環繞著四道城牆共有二十六座城門，最南面的城牆叫外城，因為居民多以漢族為主，所以他們被稱為中國城。外城的北方是內城，因為居民多以滿族為主，所以西方人又叫它滿城。外城內城統稱京城，是北京城的最週邊城牆，京城裏面是皇城。由於有眾多政府機構在此辦公，所以外國人叫它禁區之城。皇城裏面就是紫禁城，所有人都知道，中國的皇帝和皇太后，就住在裏面。當夜各國軍隊領取了各自的進攻任務，任務分配是這樣的，俄軍攻擊東直門，日軍攻擊朝陽門，美軍攻擊東便門，英軍攻擊廣渠門，其他各國軍隊，留守通州。會議最後確定了由俄軍指揮官提出的作戰時間表。十三日，進行偵察，十四日，在距離北京五英里的攻擊線集結，十五日，凌晨開始總攻。

這時，北京城內早已炸開了鍋。八月十二日，壞消息接連不斷地被潰退的軍隊帶回。通州已經讓洋兵佔領，北京城危在旦夕。慈禧再也坐不住了。她開始頻繁地召見大臣。整個下午到晚上的數小時之內，召見榮祿八次，召見載漪

↑ 擡槍

↑ 被炸掉一半的前門

↑ 日軍

↑ 戰火中的北京城

五次，全體軍機大臣，被她呼來喚去。她一面下令大臣們迅速商定防禦作戰的計劃，一面讓攻打東交民巷的清軍，開始猛攻使館，直到這一刻，慈禧才最後下了攻破使館，殺死使臣的決心。第二天，她再次給南方各省發出急電，要求他們火速北上，勤王救駕。此時的北京城，也彷彿成了一個大軍營。經過一晝夜的軍事調動，各種軍隊約七、八萬人，被倉促地部署在北京城的各個角落。

　　十四日凌晨，聯軍射向北京城的第一發炮彈，從俄軍的大炮中射出。在獲悉俄軍已經提前發起進攻後，日、美、英三國軍隊，也急忙投入了戰鬥。

　　總攻開始後，戰鬥在北京城牆的東段相繼展開，聯軍遭到了進入中國以來最為激烈的抵抗。英軍隨軍記者寫道，美軍攻打的東便門，城牆只有三十英尺高，九英尺寬，離中國人的火力較遠，於是美軍決定，從城牆的角上，用梯子爬上去，並豎起了星條旗，但他們馬上就暴露在城牆上，處於從遠處射來的令人苦惱不堪的炮火之下。日軍和俄軍所面對的城牆，高六十英尺，寬四十英尺，上面聚集著中國軍隊。日俄軍隊，整天都被阻截住，雖然做了無數次用烈性炸藥轟開城門的努力，但是每次派去點燃引線的人都被打倒了，這種情況一直持續到各國都有近一百人被打死的時候。

　　老舍先生的父親，當時是負責鎮守正陽門（今名前門）的一名正紅旗護軍士兵，老舍曾不只一次地向自己的兒子舒乙，講述當時父親的遭遇和戰況的激烈。

⬆ 最先進入使館區的英軍 1

⬆ 最先進入使館區的英軍 2

　　著名作家、文學評論家舒乙回憶說：我爺爺輩使用的那些武器，是擡槍和那種非常不鋒利的腰刀。擡槍最重要的標誌是要使用黑色火藥。黑色火藥呈粉末狀，士兵要裝很多小面口袋背在身上。什麼叫擡槍，擡槍就是一個很長很長的鐵的槍筒，一個人端不動的，前面要有一個人給他擡著這個槍，兩個人操作，所以叫做擡槍。擡槍裝彈藥的時間非常長，因爲要把槍筒倒過來，小面口袋順過來倒進去。然後再用一個桿把它捅進去，這時候黑色火藥會撒一地。那麼只要一個火星過來，火燒聯營。日本部隊知道這些特點，所以攻打正陽門的時候，用的是燒夷彈，這樣一來，城牆上面，城門樓子上面，一片火海。日本兵的炸彈，把前門炸掉了一半。我的爺爺被嚴重地燒傷，燒傷了以後，他一個人退下來，經過天安門廣場到西長安街，由西長安街到南長街，再往北走，走到西華門附近走不動了。路旁有一個糧店，這個糧店叫南橫御糧店，半掩著門，他就進去了，進去實際是躲在那裏頭，因爲他全身燒得都浮腫了，走不動也爬不動。城門已經被攻破了，大量的士兵潰敗下來，路過這個地方，其中有一個人看到這個糧店半掩著門，就進來找水喝，一看到地下有一位受傷的士兵，兩個人認識，這個時候我爺爺已經說不出話來了。他用手拎著自己因爲浮腫而脫下來的布襪子，告訴進來的那個士兵，意思就是說你回家給我報個信。這個士兵就要背著他逃走，他說不可以。意思就是敵軍很快就要追上來了，我們兩個人太危險了。他說不出話來，那個意思就是說你趕快走吧。那個人哭著拿著褲腳帶和布襪子，就跑回北城。那個時候我們家就住在西直門裏面，屬於正紅旗的範圍。那個人跑回來報信。但是這個時候，敵兵已經攻入到北京了，進城了，所有的人都不敢出來，眞是天下大亂。敵兵燒殺，掠奪，姦淫，無惡不作。家裏的人都是老弱病殘、婦女，不敢出來。大概等整個事態稍微平息了一下，估計過了差不多個把禮拜吧，家裏人才借了一輛推車，到那個南橫御糧店

來找他，人卻沒有了。

到晚上九點，四支外國軍隊相繼攻入北京的週邊城牆，開始向東交民巷推進。在這次推進中，英軍佔據了先機，在之前英國公使發給英軍指揮官的一封求援信裏，爲英軍指出了一個進入東交民巷的便捷通道，這條便捷通道，位於內城南段城牆的護城河下，通過這裏的一個水門，便可以直接到達城牆內的使館區。因此英軍在攻入廣渠門後，便直撲這裏，儘管英軍最晚開始攻城，但他們卻得到了第一個進入使館區的榮耀。

此後，美軍、俄軍、日軍陸續攻入使館區，東交民巷在緊張了近兩個月後，被聯軍解圍。當晚，法奧意三國軍隊，從通州進入北京。至此，北京外城、內城攻防戰結束。聯軍把進攻的矛頭，轉向了皇城和紫禁城。

從十三日晚上開始的隆隆炮聲響徹北京城，十四日一早，慈禧又召集了一次御前會議，這是一次沉默的會議。儘管與會的所有人都知道，聯軍還是攻下了城池，但卻都沒有勇氣承認這個事實，沒人願意相信這個結果就是冒險與八國開戰的代價。 會議進行得很短，任何人都無法針對眼下的局勢，提出有效的辦法，只是慈禧最後對榮祿、載漪、載勳等幾個擁有兵權的王公大臣下了命令，告訴他們，應該趕赴前線，不要認爲有守城的將士，就可以什麼都不用管了。這一天慈禧又四次召集群臣商量對策，但依舊沒有結果。入夜時分，槍炮聲離皇城、皇宮越來越近，慈禧再度決定，召集會議。可一直等到次日凌晨，只有三位大臣前來，這讓她意識到，她該爲自己做打算了。

十五日凌晨，美軍率先對皇城發動進攻，隨後聯軍其他部隊，一擁而上，但就在守城清軍與聯軍在城牆上激戰的時候，大清國的國母，卻已經跑了。十五日早晨，慈禧得到了洋兵已經進城，並在進攻皇城的消息，她當即決定，立刻離宮出逃。因爲如果洋兵攻入

皇城，再跑就來不及了。經過一陣短暫的吩咐後，慈禧拉著光緒皇帝、隆裕皇后等一干人鑽進了騾車，在太監和宮女的陪伴下，出皇宮的神武門，經西安門、德勝門向頤和園方向逃去。

這已經是慈禧第二次如此倉皇地逃離北京了。四十年前，英法聯軍打進北京的時候，她就陪著丈夫咸豐皇帝逃過一次，只不過上次是向北逃到了熱河，這次是向西，還不知道要去哪裏。史書中對出逃時的慈禧和光緒是這樣描寫的，慈禧身穿藍布大褂，挽旗頭坐式髮髻，滿臉怒氣。光緒著青洋縐大褂，手攜一赤金水煙袋，神色沮喪，顯然為了掩人耳目，慈禧和光緒皇帝，都換上了漢人平民裝束，這可是他們一生中從未有過的情況。

十五日當天，聯軍攻入皇城，逼近紫禁城，最先到達紫禁城腳下的美軍，已經在午門外架炮，準備攻陷紫禁城的最後一座堡壘——中國皇宮。但這個時候，聯軍卻突然下達了所有部隊停止進攻紫禁城的命令，這條命令，明顯是針對美國人的。原來，當其他各國軍隊的指揮官們得知美軍將很有可能首先進入皇宮的消息後，便立即召開了緊急會議，會議一致認為，繼續進攻皇宮，會激怒中國人，同時決定，為防止一國獨佔，或先佔皇宮，暫停對中國皇宮的一切軍事行動。顯然，真正促使列強緊急下達停火命令的原因，是後者。因為所有人都知道，一旦皇宮的城門被攻破，中華帝國的寶庫大門就完全地敞開了。

十六日，清軍在京城各處與聯軍展開巷戰，清軍死傷慘重，目擊這一過程的美國人說，有中國死屍在地，此皆性志堅毅，欲攻

⬆ 死傷的清軍 1

⬆ 死傷的清軍 2

不退，死而猶烈者也。那位法國大主教樊國梁也在當天的日記中寫道，日兵、法兵救援西什庫教堂，在西華門與清兵激戰，經過一天的激烈戰鬥，聯軍漸漸地將剩餘的清軍，驅逐到了西北兩方，戰至晚間，聯軍佔領了北京全城，中國的首都，就這樣淪陷了。當天，各國軍隊指揮官下令，特許軍隊公開搶劫三日，北京城陷入了空前的痛苦之中。

<4> 京城的災難和李鴻章的外交努力

居庸關位於北京城西北五十公里處，它是北京西北部的屏障，也是長城上的重要關口，歷史上很多著名的戰役，都發生在這裏。明朝末年的李自成起義軍，就是闖開了這座雄關，才得以長驅直入北京城的。一九○○年八月十五日，慈禧太后一行千餘人，從這裏逃出了關外，第二天，擔心聯軍追上自己的慈禧下令，隊伍向西趕往河北。

就在慈禧和王公大臣們拋棄百姓，離北京城漸漸遠去的時候，另一個人卻在前往北京的路上，這個人就是趕來赴任的八國聯軍統帥、德國人瓦德西。經過德國皇帝親自參與的外交斡旋，在聯軍攻

進北京的那一天，其他七個國家，終於接受了由德國元帥瓦德西擔任聯軍統帥的建議。幾天後，瓦德西從柏林啓程。這位六十八歲的德國老頭，曾參加過普法戰爭，並在出發前不久剛被授予了陸軍元帥的軍銜。一個月前，瓦德西並沒有隨德國遠征軍出發前往中國，他一直待在柏林，等待最後的消息。瓦德西總共在中國待了十個月的時間，回國後他寫了一本回憶錄，其中最有價值的內容，就是書中客觀地記錄了一些八國聯軍在北京製造的慘劇。聯軍攻入北京之後，作戰行爲演變成了一場復仇行動，按照當時在京外國人的說法，就是此刻復仇女神，來索取不可避免的報應，也是常識份內的事情。

聯軍復仇的目標，是主戰的中國官員以及清軍和義和團，而義和團更是首當其衝。需要交代的是，可能是以爲聯軍是衝著義和團而來，與自己無關，也或許是還不知道皇帝和太后已經逃走。所以

↑ 瓦德西

當聯軍打進北京時，普通的北京平民，並沒有大規模地出逃。聯軍貼出告示，要求平民在三日之內出城，實際上從破城之日起，聯軍肆無忌憚的大屠殺就開始了。

在義和團的總壇，莊親王載勳的王府，一位外國人看到有一千七百人被聯軍殺害，其中不乏老人和兒童。英國駐華記者辛普森在日記中寫道，一隊法國士兵，將一群拳匪、兵丁、平民等相互摻雜的中國人，逼進城內一死巷內，用機關槍轟擊約十到十五分鐘，直至不留一人。此外，還有人統計，僅沒有逃亡的高官顯貴之家，就有近一千八百人自

↑ 八國聯軍在北京城進行的屠殺 1

↑ 八國聯軍在北京城進行的屠殺 2

↑ 八國聯軍 義大利兵

↑ 法軍與德軍在盜運古觀象臺上的天文儀器

↑ 侵華日軍在京司令部

殺身亡，身爲皇儲老師，並積極主戰的大學士徐桐，就是其中之一。

攻克北京的聯軍，還開始強姦婦女，他們不分老少地去姦淫女性，甚至逼良爲娼。聯軍統帥瓦德西承認，各國都有犯下此類姦淫行爲的人，以致於中國婦女每當見到敵人逼近時，往往先將自己的孩子弄死，隨後馬上自殺。史料像這樣具體的記載，還有很多，人們可以從中去尋找一些眞實的歷史，那是一段悲慘的記憶。

《庚子紀事》中記載，各街哭嚎之聲，遍處皆同，以京師合城而論，前三門外受災較輕，城內及北城受難尤重，死屍遍地，腐爛薰蒸，慘難滿目。皇城之內，殺戮更慘，逢人即發槍斃之，常有十數人一戶者，拉出以連環槍殺之，以至橫屍遍地，棄物塞途，人皆踏屍而行，城裏居民百家之中，所全不過十室，街巷屍首堆積如山。到底有多少人死於聯軍的屠殺呢，據說，大約有數十萬人，這個數字，恐怕也無從考證。人們只能從京內屍積遍地，腐肉白骨路橫的記載中，去想像了。

對於聯軍是否在北京進行過大屠殺的問題，中外幾乎沒有爭議。因爲大量當事人的證詞和照片，證明了屠殺的存

在。就連瓦德西也說，由此而死之人，究有若干，實永遠不能調查。伴隨屠殺的是搶劫，進城後，聯軍特許軍隊，公開搶劫三日，這種被認為合法的搶劫活動，在德軍到來後，繼續擴大，持續至

聯軍士兵和搶到的白銀

聯軍進入紫禁城進行搶掠

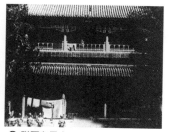

聯軍在景山

少八天。聯軍在熟門熟路的傳教士和漢奸的帶領下，放手搶劫，史書上說，各國洋兵俱以捕拿義和團，搜查軍械為名，三五成群，身跨洋槍，手持利刃，在各街巷，挨戶踹門而入，臥房內室無處不至，翻箱倒櫃無處不搜，當年尚在襁褓之中的老舍先生，就經歷了這場劫難。

舒乙：奶奶當時是四十一歲，帶著老舍先生的三姐，就住在一個平民住的一個小胡同裏，但是也免不了遭到洗劫。進來一撥義大利兵，進屋子就翻東西，翻了個底兒朝天，把稍微好一點的東西都拿走，而舒家沒有好東西，大概最值錢的也不過是腦袋上插的一個白銀的簪子，這個也要拿走。舒家養了一條大黃狗，大黃狗對這些侵略兵，是要撲上去守衛自己的家門的，結果一刺刀就給刺死了。等他們走了，奶奶趕快進屋，因為小娃娃在炕上睡覺呢。一進屋便發現炕上有裝衣服的箱子、裝雜物的箱子，箱子翻了個底朝天，扣在了娃娃身上，趕快把箱子挪開，娃娃還在睡覺。老舍先生後來有散文描述這個情節，他說我如果當時哭出來，我醒了，哭出聲來，他說我的命運就跟我家的大黃狗是一樣的，一刺刀就扎死。

⬆ 聯軍在北京城放火後的慘景

　　除去平民百姓家，京城內的王公府邸、官宦之家，和各部衙屬，都成了聯軍斂財的好去處。日軍從戶部搶走了白銀近三百萬兩。此外，頤和園、三海、壇廟等地，也無一例外地遭到搶劫，其中翰林院的六百零七冊《永樂大典》被盜。古觀象臺上的天文儀器也被法德兩國掠走。而此次浩劫中，聯軍所搶物品的總值，竟達到了白銀數億兩。聯軍的搶劫，甚至是有組織進行的，日本就向部隊下發了一份《戰時清國寶物搜集方法》的冊子，其中規定，對圖書文物的搜集，必須服從陸軍大臣或軍團長的指揮，搜集的圖書文物，一旦送到兵站，立刻運回日本，作爲帝國博物館的藏品。

　　中國的皇宮也沒能逃脫厄運，聯軍儘管下達了不准進攻紫禁城的命令，但卻允許各國軍隊，以參觀名義進入。只不過這些參觀者，都在夏天穿上了便於藏匿物品的冬衣，他們把目光盯在了那些便於攜帶的珍寶上。實際上，這種針對皇宮的偷竊，是各國之間心照不宣的事情，其行爲一直持續到一年後，聯軍撤出北京。談到聯軍的掠奪行爲，甚至連許多參與其中的外國人，都感到了過分。日軍隨軍記者說，此次入京的聯軍，已不再像往日那樣紀律嚴明，將校士卒，白天公然大肆掠奪，這是我親眼所見。辛普森在日記中也承認，聯軍已經成了盛裝騎馬的盜賊。瓦德西在給德皇的報告中稱，所有中國此次所受毀損及搶劫的損失，其詳數將永遠不能查出，但爲數必及重大無疑。

聯軍在北京還燒毀了大量建築，地安門橋以南全部燒盡，西四至西單全部燒盡，朝陽門樓，前門樓燒毀，被燒的還包括政府機構、王府、寺廟、藏書、檔案等所有聯軍認為應該燒毀的東西。北京城造成嚴重的破壞。外國人這樣形容當時聯軍佔領下的北京城，日本人說，北京已失數百年來之美觀，舊既留者僅一二。法國人說，除了殘毀，殘毀之外，再也沒有其他東西了。英國人說，一座昔日充滿著金漆房舍的北京城，現在可只是一片羅列著蕭條、殘物的荒野。德國人說，北京今天已成為一個強盜世界。

已經作為元明清三代帝都而存在了六百多年的北京城，一夜之間彷彿成了一座無主之地。

當聯軍在北京城撒歡肆虐的時候，大清國朝廷已經成了名副其實的流亡政府，在八月下旬這段顛沛流離、酷熱難當的日子裏，慈禧不得不為這個朝廷將來的前途，做一些打算了。八月十九日，在逃出北京後的第五天，慈禧發出了兩道上諭，第一道發給了軍機大臣榮祿和大學士徐桐，與戶部尚書重啓，明令他們留在北京，向洋人求和，但這位流亡中的皇太后顯然不會知道，在城破不久，榮祿已經跑到了保定，而那兩位大臣，也相繼上吊身亡了。她的第二道上諭，發給了身在上海的李鴻章，要求他火速北上，與慶親王奕劻一起，主持議和。奕劻，這位世襲慶親王的奕字輩皇親，是總理衙門諸多大臣中，懂得一些外交事務的老貴族。此時的他，正跟著慈禧一起逃亡，當他收到準備議和的消息後，便掉頭準備向北京返回。

↑ 奕劻

第二天在北京城西北方向，一百公里處的一個小縣城，急於求和的清政府，以光緒皇帝的名義，向世人發布了一份官方文件，即《罪己詔》，意思就是皇帝譴責自己的詔書，可以

想見光緒是無意自責的，眼下的局勢，恰恰證明了他在事前的判斷，因而誰都知道，這份罪己詔，其實就是慈禧太后的檢討書。這一舉動表明，她希望能夠通過此舉，迅速向列強表明，清政府希望得到諒解的態度。

《罪己詔》用冗長的文字，向世人回答和解釋了諸多問題。其核心內容有兩個。第一就是，關於皇室棄城逃亡一事，詔書解釋說，皇帝和太后，本來是想爲國殉難的，但是在哀痛昏昏之際，被王公大臣們勉強扶持而出，於槍林彈雨中倉皇西狩，詔書想讓國人理解，皇室是被迫逃亡的。

其次就是無法迴避的義和團問題，詔書在對該問題進行了分析後認爲，正是拳匪作亂，才闖下了如此禍端，而造成拳亂的各級地方官吏、軍隊將領，和一部分王公大臣，更是難辭其咎。詔書指出，正是地方官吏，辦理不善，以至於義和團一朝觸發，不可遏制，加上軍隊的漫無紀律，搶掠良民，才導致百姓畏兵而愛匪，匪勢由此大熾，匪黨愈積愈多。而數萬亂民，膽敢紅巾露袵，充斥都城，焚掠教堂，圍攻使館，則正是那些少年任性、愚謬無知的王公大臣之罪過。《罪己詔》實際上是向外國人回答，應該由誰來承擔中外開戰的責任這一問題。起碼從內容上看，外國人是沒有責任的。而作爲中國最高統治者的皇帝和皇太后看來也是無辜的。只有義和團和那些地方官僚、軍隊，和那些無辜的王公大臣們，才應該成爲清算的對象。從這份詔書可以看出，時至今日，慈禧的態度，已經被迫發生了徹底改變，由於擔心自己成

↑ 慈禧以光緒名義發布的罪己詔

↑ 佔領景山的俄軍

為列強報復的對象，她開始把開戰的所有責任，都推給了他人。如果對照一下六十天前，那份宣戰詔書，就可以明顯地看到這種變化。在那份詔書中，清政府稱，義和團為義民，並在號召全國義民執干戈以為社稷。

有人說，在整個《罪己詔》中，只有一句話，像是光緒皇帝自己的意思，即「無拳匪之變，我中國能自強耶」。試想一下，就是沒有義和團，或者是真的鎮壓了義和團，就不會爆發戰爭嗎？回答當然是否定的。

↑ 八國聯軍 法國士兵

↑ 八國聯軍 日本士兵

↑ 八國聯軍 美國士兵

八月二十三日，慈禧起駕，繼續西行，準備前往山西，她命令各地收容散兵游勇，不准其濫入山西境內，在得知榮祿已經領兵逃到保定後，慈禧便電告榮祿，在保定收集清兵，固守防衛，以防八國聯軍，由直隸追入山西。慈禧一面調兵護駕，一面催促李鴻章等大臣們與列強轉圜關係，所謂轉圜，就是挽回、調停、斡旋的意思。慈禧知道，自己手中已經沒幾張牌可打了，主動權在洋人手裏。第二天，她再次給李鴻章發去電報，告訴他可以見機行事，朝廷不為遙制。

清政府要求議和的球已經踢出，接下來就要看列強的態度了。列強中，最先答應議和的是俄國，早在北京全城淪陷的當天，俄外交大臣就通知各國，要求允許李鴻章前往天津，並接受其為清政府議和全權大臣，俄國甚至提出，將

派出艦隊護送李鴻章北上。俄國的意見，在列強中引起譁然。因為俄國人的態度，的確讓人疑惑。畢竟聯軍當初的最後通牒，是由俄軍遞交的。率先進攻北京的，也是俄軍。更有甚者，早在七月底、八月初，俄國就趁著聯軍在向北京挺進的時候，向中國東北派出了大批部隊，俄國的真實意圖，到底是什麼呢？

劉申寧教授：俄國在這兒談判的一個重要意圖，就是要解決一八九六年《中俄密約》所沒有能夠解決的東三省的國境問題。李鴻章去過俄國，和俄國的關係還不錯。所以當時一聽說李鴻章要來談判，俄國人第一個站出來表示支持。

各國公使召開會議

程歘 教授：當時沙俄政府比較急於和談。因為沙俄在中國的商業利益和教會利益都不是很多，在這種情況之下，它就比較急於找到以慈禧為前提的和談條件，希望不僅在八國聯軍的分贓裏面拿到一份，而且還想把東北作為自己的一個殖民地，在這種情況下，它希望以慈禧為對手，所以主張接納李鴻章。俄國準備率先同中國議和的消息披露後，過去潛伏在各國之間的複雜矛盾，又重新暴露了出來。 一些國家正在準備擴大戰爭，俄國突然的示好行為，使他們意識到，如果此時不表示出願意議和的態度，那麼將來俄國人就會從中國那裏得到更多的好處。一番協調後，各國最終確定了先議和、後停戰的策略，而不是清政府希望的先停戰後議和的辦法。同意議和的大前提確定後，各國開始圍繞自己的國家利益，首先在如何對戰敗國的前途進行安排的問題上，展開了新的較量。

按照常識，一個可能的選擇，就是借著目前的機會，列強將會仿照一些國家，在非洲做的那樣，把中國瓜分掉。但是在中國，這種可能沒有實現。俄國人對中國東北的領土野心，讓英國和德國走

↑ 聯軍在北京街頭巡邏

↑ 八國聯軍 德軍

↑ 聯軍在北海施放載人氣球進行高空偵察

到了一起。英德兩國經過緊急磋商，達成了一個原則協定，協定中最重要的兩點內容是，第一，各國不得瓜分中國的領土；第二，中國的沿海沿岸，各國的貿易和經濟活動，自由開放。英德兩國，是八個國家中，第一次就未來談判的原則來進行表述的國家。但他們絕不是在考慮中國的感受，而是他們都太擔心俄國佔領東北後，會嚴重威脅到自己的在華利益，相比於土地，他們更在乎在華的商業利益。由於感到自己不具備瓜分中國的實力，法國、日本、美國等國，均附和了英德兩國的建議。

程歟：這些國家，從來都是在爭爭吵吵、互相矛盾的過程裏面瓜分世界的。爲什麼在中國，它沒有做到這一點？一個很重要的原因就是義和團運動的風起雲湧，中國軍民的英勇反抗，引起了外國人的密切關注。比如瓦德西對德國僑民有一次講話，這次講話就講，無論是歐美和日本，都沒有這樣大的腦力和精力，來主宰這天下四分之一的生靈。瓜分之事實爲下策，如果瓜分將後患無窮。

還有赫德，赫德是清朝總稅務司，他當了三十七年的總稅務，在八國聯軍侵華期間，他在北京英國使館裏被圍困了八個星期，他也講了，義和團這次戰爭，看來不僅僅是官方的鼓動，更重要的是其間還有民族的感情。用他的原話講，這是一次愛國的自願運動，這次運動是一次初期的運動，就是投石問路，但是從此以後，愛國之心必將瀰漫中國。所以他勸西方人，不要輕舉妄動。

林華國教授：通過這次戰爭，列強內部的一些人已經看到了，打敗中國很容易，但是要統治中國很不容易。過去他們的經驗是，如果能夠把一個國家的軍隊打垮了，那麼這個政府投降

⊕ 聯軍在紫禁城內進行閱兵

了，他們就可以在這個國家建立殖民統治。但這次到中國來，看到一個新的情況，外國的軍隊來了，戰鬥力很強，但所到之處，義和團就用他的大刀長矛，跟你拼命。

程歊：中國軍民抗擊八國聯軍的戰爭雖然失敗了，但這次戰爭確實表現了一種民族的巨大的能量和更加巨大的潛力。可以這樣講，如果說第一次鴉片戰爭，促使了中國對世界的先進認識，重新認識了世界。那麼倒是可以講，庚子戰爭是讓世界上的列強考慮重新認識中國。

確定對中國不採用瓜分的政策後，各國圍繞是否接受李鴻章為清政府全權議和大臣的問題，再次爭論。

程歊：美國始終堅持它的所謂門戶開放，它也傾向跟慈禧跟李鴻章和談。因為跟李鴻章和談的意味，就意味著跟慈禧和談。應該說，英國對李鴻章並沒有太大的惡感，但是俄國的熱心，引起了英國的擔心。李鴻章在上海的時候，英國對待他的態度很冷漠。英國的領事把當時上海歡迎李鴻章的牌坊都拆掉了，而且禁止他的衛隊上岸，而且鼓動各個國家對他不予接待。 在對待李鴻章這一問題上，德國是最激烈的。德國是個後起的一個帝國主義國家。它企圖要利用這次戰爭，就是藉口以它的公使被殺為理由，用最大的力量，對中國進行榨取。於是，德國便利用公使被殺事件，不斷對清王朝施加壓力，聞聽李鴻章要北上談判，德國政府就放出風聲，就說李鴻章如果到大沽，就把他抓起來當人質。

劉申寧：其他國家由於利益的關係，不希望一個和俄國關係較好的李鴻章作為全權大臣來談判，他們希望有一個人不要被俄國控制。不要光照顧俄國人的利益，而其他國家的利益得不到照顧，從這個角度來講，他們不同意李鴻章作為全權談判代表。

程歊：英國又提出了一個條件，就希望慶親王奕劻來代替李鴻章，把奕劻放在前面來進行這次談判，加了一個砝碼。

在得知列強對自己的議和全權大臣的身分產生了爭議後，身在上海的李鴻章，給慈禧發去了一封電報，要求朝廷添派奕劻、榮祿和兩江總督劉坤一、湖廣總督張之洞為全權議和大臣，李鴻章此舉，顯然是想借助朝廷對上述大臣的任命，來平衡列強對自己的爭議。

劉申寧：李鴻章自己內心也有一個考慮。他當時在想甲午戰爭的時候，他是一個人上日本去談判，回國以後所有的戰爭罪責、賣國的罪責，都讓他一個人背了，把他撤職，全國唾棄，飽受屈辱，沒有一個人理解他，沒有一個人替他分擔。所以他這次想，這次我不能一個人幹，得拉幾個一起，大家一塊談，一塊兒來辦這個事。兩天後，慈禧授予奕劻便宜行事的全權。六天後，添派劉坤一、張之洞為議和大臣，但即便如此，除了俄國和美國明確表示願接受李鴻章為議和全權大臣外，其他的國家依舊沒有表態。

當各國政府之間，為今後的利益，展開外交上的討價還價的時候，北京城的聯軍，舉行了一次盛大的閱兵儀式，閱兵儀式選擇在中國的皇宮內舉行。也就是說外國軍隊要以武力示威的方式，從南到北穿過中國最核心的禁區，這是聯軍第一次正式進入紫禁城。八月二十八日，由各國的軍隊指揮官、駐華使節，以及各軍兵種成員組成的閱兵方隊，在中國官員的帶領下，從天安門出發，開始閱兵。一位外國記者這樣描述了他當時的心情，他說：「自從這座宮殿建成後的五個世紀以來，這些門阻斷了任何文明的影響之路。不管外面與外國人打交道時發生了什麼事情，依然沒有人能穿過這些神聖的牆，如果一個人為他能第一次漫步紫禁城而感到某種驕傲時，那是可以原諒的。」聯軍這種勝利遊行，是經過周密策劃而舉行的，其本質是對一個主權國家的佔領儀式。

逃亡中的慈禧，此刻還無暇顧及洋人在皇家禁地中，對她的侮辱。在她的概念裏，離這些洋人還是越遠越安全。三十日，慈禧一

行逃至大同，大同城內總兵以下大小官員，出城五十里恭迎，入城後，兩宮下榻大同鎮台衙門，供應豐盛，隨行人員的生活，竟大有改善，這是離開北京半個月以來的第一次。休息三天後，慈禧傳旨，前往山西省府太原。在各國的最高當局還沒有就議和的若干問題達成一致意見之前，各國的軍人們依舊按照自己的意志在繼續著戰爭，從九月初開始，聯軍打著討伐和清繳義和團的旗號，開始對京郊和直隸各地進行掃蕩。駐天津聯軍前往被稱為天下第一團的義和團根據地獨流鎮清剿，肆意殺人毀屋。一千七百名德軍侵擾北京西南的良鄉縣城（今房山區），槍殺居民二百五十人。聯軍襲擊京西八大處，打死團民三十人，燒毀了被義和團作為活動總部的靈光寺、震果寺，並炸毀寶塔一座。在京郊觀音村鎮，炮斃團民一百餘人。日軍在大興縣殺死團民二十四人。據史書記載，在接下來的幾個月內，聯軍這種有記錄的討伐戰，共進行了七十八次之多。

直隸總督府位於直隸保定，在原直隸總督裕祿戰敗自殺後，接替他的代理直隸總督廷雍便進駐了這裏。十月中旬，德法英意等四國聯軍一萬餘人，南下進攻直隸的省城保定。李鴻章獲悉後，急忙給廷雍發電，告訴他千萬不要用武力挑釁，以防導致不測之禍。在這種情況下，廷雍決定打開城門，率領官員出城，對聯軍部隊以禮相迎。但未曾料到的是，聯軍卻直接將這位中國政府的二品大員抓了起來，並砍了腦袋。聯軍的理由是，該官員沒有按職份保護外國人。

聯軍擴大了對義和團清剿的範圍後，清政府這邊，也有了實質的動作，九月七日，慈禧發出了嚴加剿滅義和團的上諭，上諭說，此案初起，義和團實為肇禍之由，今欲拔本塞源，非痛加剿除，嚴行查辦，務絕根誅。

這是慈禧第一次明確宣布開始鎮壓義和團。三天後，慈禧一行到達太原，山西巡撫毓賢率領省城文武百官，趕到城外迎接。當晚

慈禧一行進入太原城，下榻在巡撫衙門。至此，慈禧出逃後，那種居無定所，食無定時的日子，告一段落。

山西省社會科學院研究員孫麗萍：慈禧一行實際上是非常狼狽的，也是非常倉促的。她們的吃住行已經沒有了往日皇家的那個氣派，也不能按照原來的那種嚴格的等級來出行。但是到了太原以後，整個情況起了一個變化，他們在山西巡撫的府庫裏面，發現了一副嶄新的皇家儀仗，這個是當年山西府庫爲康熙皇帝巡幸五臺山準備的，但是這一副儀仗始終沒有用過，這個時候呢，這副儀仗就派上了用處，也就爲慈禧一行以後的西行，增添了威儀，增添了氣派。

一行人在太原安頓了下來，隨著各省錢糧奉命改道，送至太原行宮，太原城好像成了大清國新的中心。

九月十五日，出逃已經整整一個月的慈禧，再次致電李鴻章，敦促他馬上北上，電報用一種懇求的語氣說到，要扭轉乾坤，只有由你李鴻章來擔當這個重任了。看到慈禧已經說出這種話後，認爲時機成熟的李鴻章，便沒有再等，在接到電報的當天，他乘船北上，並於三天後，到達了天津。

⬆ 河北保定直隸總督部院 1

⬆ 河北保定直隸總督部院 2

慈禧一行，在山西沒消停多久，又有壞消息傳來說，聯軍要到山西找巡撫毓賢復仇，要大舉進攻山西。這是因爲毓賢統治的太原城，是當時殺死外國人最多的地方。死在這裏的外國人，竟然佔到那一年被殺外國人總數的一半。這個消息讓剛剛穩定下來的清政府，再度驚慌。不得已，爲了向列強表示自己已

經徹底悔改的決心，慈禧太后於二十日再次頒布了一道加力剿滅義
和團的上諭，同時她也收到了李鴻章等請求懲處載漪等人的密摺。
五天後，她宣布懲處載漪、載勛等身居高位的主戰派王公大臣，六
天後，又下令將山西巡撫毓賢以義和團事件禍首之罪革職，她對毓
賢說，今天山西無洋人，是你的功勞，但各國聯軍要求懲辦你，我
將你革職，以掩人耳目。又過了四天，惶惶不可終日的慈禧下令，
離開太原，前往西安。就這樣，大清王朝的朝廷，再度西遷了。

↑ 廷雍

↑ 毓賢

↑ 流離失所的百姓

從八月下旬到九月中旬，李鴻章疏
通外交渠道的工作，有了進展。再加上
清政府在逃亡過程中，採取的一系列向
列強表示和談誠意的措施，似乎也收到
了一些效果，議和之事中，關於列強是
否承認李鴻章為清政府全權議和大臣的
問題，有了突破。歷經多方多次的外交
斡旋和利益協調，英國的態度出現了鬆
動。九月底，英國政府決定，授權駐華
公使竇納樂與各國公使一起，同奕劻、
李鴻章談判的全權，這等於承認了清政
府提出的議和人選。繼英國之後，法國
也因為本身正陷入內外交困的窘境，急
於從中國脫身，因此，也對議和人選的
問題，表示了贊同。在英法美俄都已經
答應，由奕劻、李鴻章來擔任中方的議
和人選後，其他國家也先後表示了認
同。

這樣一來，在戰爭正式爆發了近四
個月後，戰勝國與戰敗國準備開始和談

了。可是讓人想不到的是，這場曠日持久的談判，竟然持續了一年。

<5> 中國半殖民地化的加深

一百多年前，位於王府井大街校尉胡同的小院是賢良寺的一部分。賢良寺最初是康熙皇帝第十三個兒子宜親王允祥的府邸，允祥曾爲支持四皇兄胤禛登上皇位，立下大功，所以胤禛也就是雍正皇帝即位後，便賜予了他此處府邸。允祥病故後，雍正將其王府改建爲賢良寺以示紀念。乾隆時期，賢良寺遷建到校尉胡同。後來賢良寺成了清末外省大員們進京朝覲述職時的住所。從一九〇〇百年十月起，奉旨進京談判的李鴻章，就住在這裏。一九〇〇年十月十一日，李鴻章在俄軍的護送下，從天津趕到北京，住進了賢良寺。第二天，李鴻章會同奕劻，給慈禧發去電報，要求朝廷懲辦禍首。他們認爲只有這樣做，才能阻止聯軍西進。

❶ 北京王府井大街校尉胡同賢良寺舊址1

❶ 北京王府井大街校尉胡同賢良寺舊址2

劉申寧：李鴻章知道不懲治禍首，是絕對不可能把談判談下去的，這是談判的前提，當時李鴻章的這個基本想法就是，剛毅這些人給中國造成這麼大的一個禍亂，這些人也該殺。借洋人的手殺了他們，也沒什麼不好。

幾天後兩位議和大臣，又聯合

照會各國，提出了五條議和綱領。一，承認圍攻使館違反國際公法，保證今後不再出現類似事件。二，願意協商賠款問題。三，同意修改有關條約，側重中外商務。四，收回被佔衙屬，與各國分別締約。五，先行停戰。

這是清政府第一次正式開出自己的談判條件，算是對之前各國原則上都同意的那六條談判基礎的回應，由法國出面提出的那六條意見包括，一，懲處各國公使指定的罪犯。二，禁止軍火進口。三，賠款。四，建立永久性的使館衛隊。五，拆毀大沽炮臺。六，允許各國在大沽至北京一線駐兵。

對照一下雙方的談判條件後，就會發現，中方提出的條件，離列強的基本要求，相去甚遠，看得出，清政府對實現比較寬容的求和條件，抱有一定幻想，李鴻章的意圖也很明顯，他希望通過主動認罪賠款，來取得談判的主動權，以修訂商貿條約爲誘餌，來促使各國盡早撤兵，並企圖探取先與列強共同訂立原則性議和大綱，再逐個同各國訂立有關賠款、商務等實質問題的辦法，最大限度地保證中方利益。但是李鴻章的意圖，沒能瞞過列強的眼睛，除美國表示，如果在中方條件中加入美國的要求，就可以接受外，其他國家普遍反應冷淡，更有人發現，中國人想用列強之間的矛盾從中漁利，於是他們特意給李鴻章傳話說，各國的想法是完全一致的。同時爲了提防俄國，英、美、法等國還反覆表示，堅決反對各國與清政府單獨締約。

中方提出議和大綱兩天後，聯軍的最高統帥瓦德西終於趕到北京，此時聯軍佔領北京的時間，已經超過了一個月。在從大沽登陸後，經天津前往北京的火車上，瓦德西記下了他看到的情景，凡軍隊行軍之路，但見其一片淒涼荒廢而已。至少當時有五十萬人，變成無屋可居，成爲散處於附近之地的流民。由通州至北京城下，沿途房屋未經被毀者，極爲罕見，大都早已成爲瓦礫場。北京的聯軍

↑ 聯軍為瓦德西舉行的歡迎儀式

↑ 瓦德西

↑ 陝西巡撫衙門舊址

↑ 慈禧像 6

↑ 慈禧像 7

為這位德國元帥舉行了隆重的入城儀式，但連瓦德西自己都看得出來，儀式的規模盛大但情緒冷淡，聯軍官兵對這個沒有過指揮戰鬥卻當上總司令的德國老頭，不感興趣。瓦德西住進了慈禧睡覺的寢宮——中南海儀鑾殿。他對此舉的解釋是這樣的，這是為了表示對大清帝國及其臣民們的蔑視。對中國人提出的議和大綱，瓦德西的態度更是不給予任何的理睬。瓦德西鼓動各國，堅決拒絕中方先停戰後議和的要求，並且各國還一致提出，只有清政府在如何懲辦禍首等問題上有了明確的表態後，才可能開始考慮議和的問題。聯軍堅持要把他們心目中的戰爭製造者，從中國的朝廷中揪出來。

瓦德西到達北京後不久，兩宮的鑾駕，也趕到了自己的目的地西安，住進了陝西省衙門，衙門的北院是巡撫所居，南院是陝甘總督的行館。

陝西省社會科學院研究員張應超：一九〇〇年先一年和後一年，陝西基本上都是很嚴重的荒年。當時的陝西人口大概有八百多萬，饑民就有三百多萬。慈禧到陝西以後，城內外的饑民一聽說皇太后、皇帝到陝西來

了，就來請願，希望能有飯吃，她一看當時饑民請願得非常厲害，就下命令在西安和外地一些地方開設粥場，來燒稀飯給饑民吃。慈禧太后在西安每一天吃飯花費銀兩大概二百兩左右，菜肯定還是非常多的。這二百兩銀子，大致相當當時三千個老百姓一天的生活費。

　　安頓下來的慈禧，天天盼著李鴻章的好消息。可以說，是望電報如饑渴，但是壞消息卻接踵而來，前方發回的電報說，聯軍已經打下了保定，這個消息讓她再度驚慌，她不明白，洋人為什麼還在步步緊逼，李鴻章、奕劻不是已經開始跟他們議和了嗎？更有甚者，還有傳聞說，京城裏的洋人，已經開據了一張需要懲辦的名單，裏面包括了一百多名朝廷的重臣大員。洋人警告，這些人都是從犯，為了中國的臉面，首犯的名字沒有提及，如果這些從犯得不到懲辦，那麼他們將自己去尋找首犯算帳。慈禧很清楚，首犯指的就是她自己。關於是否把慈禧列入禍首名單的問題，起初各國的意見不盡相同，英德日等國希望借此機會讓光緒掌權，極力要求將慈禧列入名單。而俄國則堅決反對。

　　黎仁凱：俄國也並不是對慈禧有什麼感情，他們是想通過保存慈禧太后，通過李鴻章使他們霸佔東三省的陰謀得逞，他們想要從那裏撈到好處。同時李鴻章也得到了榮祿轉達的，只要保住慈禧，就什麼都可以商量的示意。於是便更加積極地賄賂俄國，出面斡旋此事。他先是把天津的一大塊土地，批給俄國做租借地，後來又加緊了俄國在東北問題上的談判速度。在這種情況下，各國開

↑ 河北秦皇島聯軍營房舊址

始權衡利弊。

劉申寧：當時李鴻章在上海，已經通過駐各國的使臣，前往各國的的外交部已經在摸底了，摸洋人的底牌。李鴻章知道，這些洋人的意圖有兩個，一個是不想再打下去。第二個是不想在中國佔土地。這兩個李鴻章已經清楚了。洋人也知道，不可能處罰慈禧，慈禧是不能懲罰的。在當時，慈禧是當權者，慈禧說了算，誰能懲罰慈禧？李鴻章是懲罰不了慈禧的。那麼只有列強可以去打。如果是這樣，那就是中國舉國和列強拼到底了。只要不處罰慈禧，處罰其他所有的人都可以。

黎仁凱：列強各國都有自己的小算盤，最後就採取丟車保帥的辦法，就是把載漪他們拋出去，保留了慈禧。

外國人咬住除慈禧之外，其他禍首的名字死死不放，他們顯然對上個月，清政府下令懲處這些人時，給予的奪去爵位，革去官職，交刑部處理等無關痛癢的處罰很不滿意。他們直接要求將莊親王載勛、宜親王溥儁、端郡王載漪、輔國公載瀾、貝勒載濂和載瀅、吏部尚書剛毅，刑部尚書趙舒翹和山西巡撫毓賢等人，一律正法。不得已，李鴻章給慈禧去電，要求

朝廷盡快從重懲辦這些洋人心中的禍首，以阻止聯軍西進和爲談判創造條件。慈禧指示李鴻章、奕劻提出具體的意見，再候旨定奪。

時間轉入深秋，北京的天氣愈發寒冷，十一月十五日，已經在北京待了一個多月，卻仍舊沒有什麼進展的李鴻章，與奕劻一起拜會了聯軍統帥瓦德西，要求他盡快促成和談。爲了放鬆氣氛，李鴻章還特別談到了他在德國訪問時，覲見德皇的情景，以及他和德國宰相俾斯麥的私人關係，但瓦德西卻根本不買賬，他說和談在短時間內，是不可能開始的，而且聯軍將在北京過多，他要求清軍撤出直隸。五天後，瓦德西在回訪李鴻章時，交給了他一份聯軍佔領區域圖。李鴻章認爲，聯軍佔領的區域，過爲寬廣，但是爲了盡快爭取和局，他還是下令直隸的清軍，不得與聯軍街戰。

在河北省秦皇島市分布著幾十座具有濃厚西洋色彩的建築。這些建築，在八國聯軍侵華時期，曾經做過聯軍部隊的營房、醫院和軍官別墅，因爲這些建築物主要是由六個國家修建的，所以當地人稱它們爲六國營盤。六國營盤的存在證明，當年的聯軍，曾經把戰火燒到了這裏。八國聯軍在瓦德西到來後，開始了新的討伐。在這一次討伐戰中，聯軍總共派出了四十六次討伐隊。足跡遍布河北、山東、山西諸省，據諸多史料記載，東至山海關，西至娘子關，南至正定，北至張家口，均在聯軍勢力圈之內，他們往來逡巡，足跡踏遍，凡拳匪巢穴，無論官衙民居，遇則焚毀，往往全村遭劫。由於此時，義和團已經被鎮壓，加上清軍也沒有進行多少抵抗，所以聯軍所到之處，除了燒殺搶掠之外，就根本沒有發生過任何真正的戰鬥。

就在李鴻章從瓦德西那裏回來後不久，慈禧第二次發布了懲辦禍首的諭旨，這次的懲辦力度，比上次有所加重，皇親除了被奪爵革職外，還給予了圈禁的處罰，而那幾位大臣，除了已經病死的外，則都給予了革職或發配的懲罰。但這個在列強眼中，猶如隔靴

⬆ 慈禧同意懲辦禍首的諭旨 1

⬆ 慈禧之印

⬆ 慈禧同意懲辦禍首的諭旨 2

⬆ 啓秀在菜市口被處決

搔癢的懲辦方案，再次遭到了拒絕，他們不能接受在這麼多禍首中，竟然沒有一個被正法處死的。各國發出聯合照會，堅決要求處死載勛、載漪等人，否則和議斷望難成。接著各國放出消息，聯軍準備派軍隊，截斷運往陝西的錢糧通道，以斷絕這個逃亡朝廷的一切供應。京城內局勢的再度吃緊，迫使李鴻章、奕劻，急忙給朝廷發去電報。電報強調，目前情形日緊，外軍已派兵看守西陵，又分兵前往東陵和張家口，並且英德海軍司令，曾經到過南京，不知道用意何在。俄國公使甚至接到國內這樣的指示，和議如果不成，各國有開春截取山西之道，或另立政府的打算。最後，李鴻章懇請慈禧，上念宗社，下念臣民，迅速決斷。

　　劉申寧：李鴻章就給慈禧太后老佛爺講，你要殺，你不殺還不行，這個事辦不了談判進行不了，在這些問題上，李鴻章態度是這

樣的，懲治禍首的問題，他不想在這裏和洋人討價還價。而且李鴻章為了把懲治禍首的事情進展得很順利，他建議慈禧把榮祿調往行在，就是西安那個行在，為什麼叫榮祿過去呢，他的意思就是叫榮祿留在慈禧的身邊，幫助李鴻章落實懲罰禍首的問題。

不得已，慈禧第三次發布了懲辦禍首的諭旨，莊親王載勛、山西巡撫毓賢等人列入死刑，其餘的流放和斬監候不等，各國在收到這個方案後還是拒絕了。聯軍司令瓦德西甚至說，如果中國再不提出令各國滿意的決定，聯軍就要進軍陝西，去捉拿真正的禍首。除了要求懲辦禍首，列強還糾纏著兩宮何時回鑾的問題，各國公使一致要求，只有中國的皇帝和太后，回到北京後，才可以開始談判。李鴻章清楚，列強這個要求的實質，是想以武力挾制皇室，為和談增添籌碼，但還是硬著頭皮，電請慈禧，速定回鑾日期，宣示中外，他還保證皇室不會受到威脅。慈禧壓根兒就沒有此時回京的想法，她在回電中責備李鴻章等人不知道自己的苦衷，並表示自己沒有甘願偏安異地，放棄京師的念頭，只要議和成功，就馬上回鑾（帝王及后妃的車駕稱鑾駕，所以稱呼帝后外出回返為「回鑾」）。正當李鴻章、奕劻左右為難之際，突然傳來俄國準備監理東三省的

消息，這引起日英美等國極大的不安，再加上李鴻章年邁體衰，因過度勞累而病倒。這使得故作拖延狀的各國卻沉不住氣了。他們不再堅持，把嚴懲禍首和兩宮回鑾，作為和談的先決條件，而是轉向急於

↑ 李鴻章與奕劻代表清政府與十一國代表正式簽約

開始討論議和的內容。就這樣，在西方耶誕節的前一天，八國和西班牙、比利時、荷蘭等十一國公使，將議和大綱，交給了奕劻，強烈要求清政府迅速答覆。這份議和大綱，共有十二款主要內容，具體內容如下：

一，中國派親王專使，就克林德被殺一事，前往德國謝罪，並在遇害之處，樹立牌坊。

二，嚴懲禍首、殺害凌辱外國人的兇手，停止科考五年。

三，中國必須用優榮之典，就日本書記官遇害一事，向日本政府謝罪。

四，中國必須在各國人民墳墓遭到褻瀆之處建立墓碑。

五，軍火及製造軍火的器材，不准運入中國。

六、宮廷補償外國人身價財產損失。

七，各國駐兵護衛使館，並劃定使館區。

八，削平大沽炮臺。

九，京師至海邊，由各國派兵駐守。

十，永遠禁止清軍加入仇視各國的團體。

十一，修改通商行船各條約。

十二，改革總理衙門和各國公使覲見禮節。

看過條款後的李鴻章，連連歎息，他吩咐立即原文電奏西安，並告訴發電報的人，叮囑對方一定要用重筆寫成電報稿，呈送慈禧。

電文傳到西安後，引起大嘩，所有人都感到條件極端苛刻，無法接受。慈禧更是大發雷霆，她說，兩個全權大臣只知道責難，不肯向各國據理力爭，我不管，皇帝也不管，由他們辦去吧。

與此同時，瓦德西也向李鴻章施加壓力，他說閣下用心良苦，已經技窮力竭，屢次請示，卻又得不到批准。現在罪人還盤踞在朝廷執掌大權，我想自己帶兵去捉過來，老是待在北京，實在無所作

爲。

議和大綱公布之後，舉國震驚。湖廣總督張之洞上奏說，絕對不可以在大綱上畫押，那樣將使中國的主權盡失，他建議兩宮暫不回鑾，定行都於長江上游的荊州。

黎仁凱：甲午戰爭以後，李鴻章是聲譽一落千丈，張之洞反而聲譽日日地上升。他說的話在當時朝廷當中，是相當有影響的。他之所以想遷都到長江流域，一個是這裏是他統治的地方，再一個，他跟當時的英國和德國的關係都比較好，他認爲自己能夠保住他們（慈禧和光緒），再一個，如果慈禧、光緒都到了他統治的地盤，那他的地位就更高了。

張之洞的建議，再度讓心存不甘的慈禧產生動搖，意欲與各國磋商數月。身心憔悴的李鴻章，對半路殺出來高談闊論、局外論事的張之洞，十分惱火，他表示，如果堅持不畫押，談判即刻便會破裂，結果只能是將大清國拖入無休止的戰亂之中。他在電報中，挖苦張之洞說，雖稍有閱歷，但仍是二十年前在京書生之習。

時間過得很快，轉眼就到了中國農曆庚子年的年關兒，由於大綱中既沒有將慈禧列爲禍首，又沒有讓她交出權利，所以慈禧最終還是批准了議和大綱，她在給李鴻章的回電中說，敬念宗廟社稷，關係至重，不得不委曲求全。並宣布所有十二款，應既照允。

一九○一年一月十五日，李鴻章和奕劻遵旨在議和大綱上簽字畫押，知道自己已經時日不多的李鴻章，想盡快結束談判。而談判結束的直接標誌，就是聯軍撤出京城和皇

室朝廷回到北京。於是他代表清政府，要求各國早日撤軍。但各國的態度是，必須親眼看到禍首的懲辦，必須把賠款的數額定下來，否則絕不撤兵。二月三日，李鴻章和奕劻與各國公使，在英國駐華使館舉行會議，重點討論懲辦禍首的問題，兩位議和大臣，堅持區別輕重，盡罰盡懲，和太后親屬不加重刑的原則，同各國爭論，但遭到列強的拒絕，會議沒有結果。五天後，各國公使將他們議定懲辦禍首的辦法，照會李鴻章和奕劻。要求將載勛賜令自盡；端郡王載漪，載瀾定斬監候；董福祥先奪軍權，日後嚴懲。其餘如毓賢等諸人，一概斬決。同時，各國還提出，清政府必須給宣戰前殺死的五位主和派大臣，平反昭雪。

被逼近牆角的慈禧，只得第四次發布了懲辦禍首的諭旨，並於農曆辛丑年正月初三開始執行，此次懲辦基本上滿足了各國的要求。載勛被賜自盡，山西巡撫毓賢，在流放途中，被就地正法。刑部尚書趙舒翹自盡，其他多名主戰派大臣，或被賜自盡，或被處決，連已經病死的剛毅，都被開棺鞭屍，以示懲罰。懲辦方案只是在載漪、載瀾的處理上，爭取到了列強的默許，這兩位太后的親戚，先被判處了死刑後，再由皇帝赦免，被送到新疆流放監禁。慈禧一口氣像切瓜一樣地殺了自己一百二十多個大臣後，各國關於懲辦禍首的風波，才逐步平息。接下來賠款的問題，便成了中外議和的關鍵，這才是各國關心的最終核心。俄國率先提出，要求賠償白銀一億三千萬兩。

程歠：俄國是一個軍事帝國主義，帶有濃厚的封建主義色彩，這個國家商業不發達，它在中國的商業利益也不多，當時只有二百五十個商人在中國。由於窮兵黷武，連年戰爭，以及企圖建設一個控制遠東的西伯利亞大鐵路，種種情況都使得俄國需要大量的金塊銀錠。在這種情況下，俄國提出來的勒索很高，最初提出來大概是一億三千萬兩白銀。除俄國外，德國採取的也是一個很激烈的態

度。德國是一個後起的帝國主義國家，企圖建立一支和英國抗衡的海上艦隊，所以提出了四億馬克的賠償，相當於俄國的賠款。

此外法國要求的賠款，也多達七千多萬兩白銀，以上這三個國家，還要求賠款以現金的方式，一次付清。可以看出，這三個國家都是在華商業利益較少的國家。他們似乎是想在中國一次吃個飽。而另外一些在華商業利益較多的國家，諸如英國、美、日等國，則害怕過多的賠款壓力，會削弱中國市場的購買力，從而損害自己的商業利益。因此他們在報價的同時，主張將賠款數額，保持在一個限度之內。

程歗：按照德國公使的說法，英國人很擔心，要殺掉這隻會下金蛋的母雞，所以他們也就是說在賠款上，他們不同意竭澤而漁的辦法，當時的日本倒是支持英國，因為日本是個後起的資本主義國家。日本參加八國聯軍，到中國來的部隊最多，但是它和西方還有一系列的不平等條約，它自己還背著這個不平等的枷鎖，所以它是採取了一種失之西方，取之東方的原則，也就是通過向鄰國的一種掠奪，來彌補它自己的一種損失，爭取趕上西方。在這種情況下，日本當時的對華貿易，已經處於第二位，所以它基本上是傾向英國的態度。

但是不管怎樣，所有國家的最終報價，都遠遠超過了它們實際的花費和損失。李鴻章已經沒有力氣同洋人們討價還價了。他開始不停地吐血，已經到了瀕危的邊緣，慶親王最後也沒有出面，賠款談判全部是由下級官吏出面參與的。經過數月的反覆磋商，幾度鬥爭，賠款總額最終被確定了下來，清政府共需向列強賠款白銀四億五千萬兩，分三十九年還清，年息四厘，以海關稅、鹽稅和長關收入做抵押擔保，列強說，四億五千萬中國人，每人平均一兩。這對中國人來說是巨大的侮辱。

賠款數字傳到西安後，再次引起朝野激烈爭論，已經沒有了主

意的慈禧，只得回電李鴻章，希望他能夠內外核商，詳細磋謀，爭取討價還價，她建議李鴻章隨時和張之洞、劉坤一等互相參著。但深知列強虎狼之心的李鴻章，對賠款削減的可能性，早已不抱幻想。十天後他回電，兩宮急盼撤兵，方宜回鑾，如不速定主見，瓦德西的德兵不肯先撤，各國必定會更加觀望，遲一天則並非一百萬，到秋後需多賠百餘兆。在回覆張之洞分年免利這一類不切實際的建議時，李鴻章甚至說，電報每個字四角銀元實在太貴，要他不要再發空論長電，凡事可以摘要發出，以節省經費。五月二十六日，百般無奈的慈禧，終於回電，各國賠款共四百五十兆，四厘息，著即照准。至此繼懲辦禍首一事了結後，賠款問題，也已塵埃落定，議和大局已經基本形成。這四億五千萬兩白銀，到底是什麼概念呢？

四億五千萬兩，年息四厘，三十九年還清，一算起來是九億八千萬兩白銀。這宗賠款對中國人來說，無疑是一個非常沉重的負擔。當年清政府，全年的財政收入，不到九千萬兩。九億八千萬兩，是整個中國十一年財政收入的總和。曾經排名世界第六的北洋水師，其全部組建經費是六百萬兩，九億八千萬兩白銀，可以組建一百六十支北洋艦隊，最終確定的賠款數額之高，讓列強也不敢相信，他們說，這個數字，遠遠超過聯軍的損失。俄國公使在向沙皇彙報時稱，這是一場最夠本的戰爭，美國人最初認為，只要能夠得到一百萬兩白銀，就滿足了。可實際上，分給他們的是三千多萬兩。

一九〇一年九月七日，李鴻章、奕劻代表清政府，與十一國代表正式簽訂了議和大綱的最後議定書。因為這一年，是中國農曆辛丑年，所以該議定書被稱為《辛丑各國合約》，簡稱《辛丑合約》。條約簽訂後，國人即指責道，賣國者秦檜，誤國者李鴻章。

劉申寧：在過去，李鴻章在簽「李鴻章」三個字，絕對不會連

筆的，但這一次不同，他把三個字連在一起，畫得你看不清楚寫的是什麼，猛一眼看上去像個「肅」，這個「肅」字是清政府在他鎮壓太平天國之後，給他的一個封號，即一等肅毅伯。這時候他就在想，我這是在給朝廷辦事，不是想賣掉這個國家，是你皇帝叫我簽這個字的，要賣這個國的，那就用你給我的這個封號，簽上去算了，不要把我父母給我的名字，「李鴻章」這三個字簽在上面，訂在歷史的恥辱柱上，《馬關條約》他是這樣簽的，《辛丑合約》也是這樣簽的。

在獲悉條約簽訂後，慈禧終於鬆了一口氣，她做出了如下的表態：「今自議約，不侵我主權，不割我土地，連列邦之見諒，即餘暴之無知。事後追思，慚憤交集」。她還保證，今後要「量中華之物力，結他國之歡心」。

程歂：在中國近代，有兩個庚子年，這是很巧的。一八四○年第一次鴉片戰爭，是一個庚子年，六十年一甲子，到一九○○年是第二個庚子年。在這兩個庚子年大輪迴裏，中國經過了兩次鴉片戰爭、中法戰爭、中日甲午戰爭，最後是中國軍民抗擊八國聯軍的戰爭，這個過程表明，清政府在執行了一條屈辱的外交路線的時候，在某種程度上和某個範圍內，還表現了一種對外的抗爭精神。這樣的一種政策，到《辛丑合約》開始，徹底改變了。這個改革，也就是說，到了「量中華之物力，結他國之歡心」的程度，這是中國近代史上，一個最可恥的外交文獻。這個文獻表明慈禧政府要自覺地，把自己放在外國人的工具上，自覺地去作工

>>> 中 · 外 · 名 · 人 >>>

■孫中山
（一八六六—一九二五）中國偉大的革命先行者。名文，字逸仙。一九○五年組成中國同盟會；一九一二年在南京宣布就職臨時大總統，公布《中華民國臨時約法》。在哲學上提出「知難行易」說。

■愛迪生
（Thomas Alva Edison，一八四七—一九三一）美國發明家、企業家。愛科學試驗，發明股票行情電報機等，創立科學實驗室，發明留聲機，改進燈泡和電話。製成美國第一個中心發電站等。

具，甘心地要作工具，而且要想把這個工具當好的位置上。這個時候就意味著，清政府統治的崩潰，也爲時不遠了。

《辛丑合約》的簽訂，使中國在政治上，進一步淪入了半殖民地化；在經濟上，則陷入了難以自拔的地步，最終加速了滿清王朝的滅亡。

一個月後，慈禧一行帶著三千輛行李車，離開住了近一年的西安，開始返回北京。沿途修路設工，遠近徵調，勒索供應自不必說。簽字回來後的李鴻章，大口吐血，醫生的診斷是他的胃血管破裂。在接下來上奏朝廷的電報中，李鴻章說，近數十年內，有一次構釁，必多一次吃虧，今議和已成，大局稍定，仍希朝廷堅持定見，外修和好，內圖富強，或可漸有轉機。慈禧覆電李鴻章，言他爲國宣勞，有勤致疾，望他早日痊癒，榮膺懋賞。但是七十八歲的李鴻章，沒能等到榮膺懋賞的那一天，在那份條約上簽字兩個月後的十一月七日，這位大清重臣，油盡燈枯，臨死前他的床頭，還站著逼他在東北問題上簽字的俄國公使，身邊的人還在對他說，皇上和太后不久就能回到北京了。

第二年的一月七日，從保定就坐上了火車的慈禧太后和光緒皇帝，在新任直隸總督袁世凱的陪同下，回到了北京。站臺上接駕的人群，除了文武百官之外，還有很多外國使節和他們的家眷。據說，爲了讓人們歡呼和拍照，慈禧故意在站臺上，站了足足五分鐘。她要向世人宣布，大清國的國母，不但活著而且活得還很好，大清國的江山，依然穩固如初。

在慈禧一行剛剛回到紫禁城的那些日子裡，北京被粉飾成了一番太平盛世的景象，就好像什麼都不曾發生過似的，家家都像在過年一樣，焚香結綵，鞭炮齊鳴，用史話上的說法，眞是千古未有的大奇觀。至此，在中國庚子年爆發的那場動盪終於結束。

但是一場場更大的風暴，卻隨之來臨了。

　　庚子事變，已經過去一百多年。而那場動盪中的人們，也都早已作古，唯一沒有隨著歷史而逝去的，便是那座已經存在了數百年的紫禁城，正是它見證了中國近代那段酸楚的歷史。

　　人們有理由相信，那些痛苦的回憶，必定不會重演，因為此時的中國，已漸漸不再是當時的中國了。

第二章 記憶百年

<1> 暮氣沉沉的清王朝

↑ 榮德生

↑ 榮宗敬

↑ 湖廣總督張之洞

↑ 兩江總督劉坤一

　　一九〇〇年，世紀之初，本應一派希望與生機，而中原充斥著乾旱和戰亂，華北廣大地區糧食大幅度減產，直隸總督李鴻章不得不下令南糧北運，並一律免納稅金。亂世出英傑，無錫的榮宗敬（一八七三──一九三八）、榮德生（一八七六──一九五二）兄弟，看到了這一商機，自一九〇〇年開始，從法國引進十多台石磨機，著手籌辦保興麵粉廠，兩年後麵粉廠建成開始生產，日產麵粉三百包，經過不斷地拓展，到二十世紀三〇年代，榮家已是中國赫赫有名的民族資本集團了。

　　一股新的氣息，升騰在黃龍旗的上空。

　　實際上，一個保守的流亡政府，對這個變化中的國家早已力不從心，大廈將傾，人心惶惶，逼迫人們尋找自救之路。識時務的官員們坐不住了，西太后的禁令突然不再具有強大的威懾力，一九〇一年七月，在短短的十天之內，兩江總督劉坤一、湖廣總督張之洞連上三道奏摺，要求變法。輿論對此表現出極大的關注，《申報》用頭版頭條的位置，刊登了奏摺的全文，明確代表民間知識階層表達了對朝廷的不滿，人們看到了變革的信號，一時不免歡欣鼓舞。一九〇二年一月，慈禧回到北京，她第一次坐上當時最現代化的交

通工具——火車，樂隊演奏著《馬賽曲》，這首法國大革命時的讚歌，成了歡迎慈禧的迎賓曲。似乎保守的清廷有了一絲轉機，但一切太遲了，僅僅是變革的意思不能挽回什麼，頑固的統治者不能放棄根本的所謂「祖宗法度」。

歷史發展到這一步，看來許多事情都應該改變，也必須改變。

最先改變的，是將總理各國事務衙門改成外務部，以方便辦理國際事務，也順應了國際潮流。曾經被排斥的洋務派，逐漸掌握了一定實權，朝廷對此寄以希望，當然一切還在慈禧威嚴目光的注視下。

慈禧本人也在改變，與外國使節夫人頻繁來往，加強溝通和互相了解——雖然多是一種表面的姿態。為了更好地接待公使夫人，慈禧太后命駐法公使裕德的女兒容齡、德齡留在身邊。姐妹倆在法國曾跟鄧肯學過現代舞，妹妹容齡的芭蕾舞跳得尤其好，入宮第二年，容齡還給太后表演了芭蕾舞。她們的弟弟勛齡，則為太后拍了許多照片，我們今天看到的慈禧照片，全部是他留下的。

這些變化都是在一九○二年發生的，本以為萬世不變的清朝統治者，看似一步步順同民意，實則敷衍了事，以圖自保。

⬆ 榮氏兄弟的保興麵粉廠（上、下）

動盪的北方，也開始了戰爭後的復甦。

一九○二年六月十七日，一位同情維新派的滿族人英斂之，在天津創辦《大公報》，創刊的第五天，便發表文章，敦促太后交出權力。迫於局勢，慈禧聲稱實行變革，其中一項決策即繼續派遣幼童留學。長期的封閉之後，由不諳世事的兒童來承擔這樣的使命，勉強

↑ 慈禧乘坐的火車

↑ 申報用頭版刊登了《變法三摺》

↑ 慈禧鑾駕回京

↑ 北京外務部舊址

算是一種努力。美國康乃狄克州首府哈特福德

↑ 天津大公報舊址

的墓園裏長眠著一位中國人，他叫容閎，一八七二年，在他的帶領下，一百二十多名中國幼童，來到了美國，這是清政府派出的第一批留學生，後來這批人成為睜眼看世界的代表。雖然完成學業的極少，但多有實績而名垂青史，從中我們可以找到許多熟悉的名字。

在這些幼童中，詹天佑的經歷很有代表性。當年「留學」這個詞對中國人來說，還非常陌生，由於清政府招收不到富家子弟，出洋的這批學生，大都出身貧寒。詹天佑的父親，聽說出洋要十五年，生死不保，也不忍心將兒子送出家門，出於無奈，才勉強在出洋志願書上簽了字，這份志願書的內容，後來被詹天佑抄在家譜上。

留美學生們的蓬勃朝氣令朝廷中保守官員們深感不安。一八八一年，

清政府下令撤回留學生，其中只有詹天佑等兩人完成學業，後來他成為著名的鐵路工程師。詹天佑主持修建的京張鐵路，是中國人自行建築的第一條鐵路，成為中國鐵路史上的驚人之作。他白手起家，其中的艱難可以想見，而其才智可以洗刷「劣等民族」的蔑稱。

留美幼童沈壽昌回國後，在北洋海軍服役，甲午海戰時，擔任致遠艦大副，在激烈的戰鬥中，被炮彈擊中頭部，犧牲時年僅三十二歲。在引為國恥的甲午年，這一批失敗的英雄常常深埋於滄海之下，悲愴莫名。

作為最初的理想主義者，作為走出國門的先驅，他們背負了極為沉重的希冀，體味了開創者的歡樂，並以身相殉，足以為後人追念。

更多的人，被迫中止學業回國，但已眼界大開，再不願沉寂下去，他們多在外交、實業方面任職，走在當時的前沿。

清廷的首批留學生，如此匆匆收場，自然引起進步人士的不滿，但清廷顧不得了。或許保守派們從中嗅到了過於強大的破壞力量，只能縮回殘存的殼中，做一個苟延的夢。而直至二十世紀初，規模空前的留學潮才開始形成，經歷了「庚子之變」，選派留學生終於成為新政的重要措

【葬須南向】

反對割讓臺灣的宣導者之一丘逢甲，內渡大陸後，自號「海東遺民」，終生不改使臺灣回歸祖國的信念。他崇尚民族氣節，恪守愛國情操，常用岳飛、鄭成功的事蹟和言論鞭策自己。他寫下大量詠懷臺灣的詩體，在一首送別友人回台的詩中，他重申了自己光復臺灣的雄心：「王氣中原在，英雄識所師。為言鄉父老，須記漢官儀。親友如相問，吾廬榜念台。……十年如未死，捲土定重來。」他臨終前還遺言「葬須南向」，以示不忘臺灣。

■李大釗

（一八八九—一九二七）中國最早的馬克思主義者，中國共產黨早期領導人之一。俄國十月革命後，最早接受和傳播馬列主義。一九二○年在北京發起組織馬克思主義學說研究會和共產主義小組。一九二七年被張作霖逮捕，英勇就義。

■玻爾

（Niels Henrik David Bohr，一八八五—一九六二）丹麥原子物理學家。一九一三年提出玻爾原子模型（見玻爾理論），成功地解釋了氫原子光譜。把化學推進到更深的層次，使物理和化學這兩門學科統一到同一量子理論基礎上來。主要著作有《原子學說與自然界的描述》（一九三九）和《知識的統一性》（一九五五）等。

↑ 慈禧與外國公使夫人的合影

↑ 慈禧與駐法公使裕德的女兒容齡、
德齡

↑ 德齡

↑ 容齡

↑ 勛齡

施。兩年裏,清政府連發兩道詔諭,鼓勵留學。明治維新後的日本,因路途近,文化傳統相似,成爲留學生的首選目標。在當時,張之洞的遊西洋不如遊東洋的看法很有市場。

那時北方的學生,大都從天津乘船東渡日本,開放的日本成爲中國民主革命思想的發源地。留日學生大都熱心參與政治活動,發表已經形成朦朧的政治理想。藝術活動也非常流行,一九〇六年,中國留學生在東京成立了春柳社,演出話劇《茶花女》,爲了演好女主人翁,李叔同自費訂做演出服裝,並剃掉了心愛的鬍子。這些人學成歸國,也把話劇帶了回來,一時文明戲極盛,與傳統戲曲爭豔。日本,成爲中西文化交流的仲介地,也是革命的策源地。

留美學生人數雖少,但也不乏精英。一九〇五年,宋氏三姐妹陸續前往美國衛斯理女子學院學習。赴美留學的王寵惠,畢業時獲得耶魯大學法律科第一名,畢業典禮上,代表全校四千餘人致詞,當地報紙競相報導,

↑ 美國哈特福德墓園裏的容閎墓

↑ 一八七二年出洋幼童合影

↑ 詹天佑的出洋志願書

↑ 詹天佑

後來他成為民國的第一任外交部長。兩年後，由兩位留學生創作的歌曲《叫我如何不想她》表達了留學生對祖國深深的依戀。後來的胡適、徐志摩等人，都是出西洋留學，深受美式教育影響。

↑ 刊登《論歸政之利》的《大公報》

↑ 詹天佑在耶魯大學的留影

↑ 詹天佑與京張鐵路

由於教育背景的差別，留學生們思想並不統一，影響到他們的治國方案，後來的論爭也十分激烈，但在清廷的高壓下，自由民主的追求卻空前一致。在民族國家救亡主題下，他們達成某種妥協，一時放下私人意見的差異。大時代風起雲湧，為人們提供了最重要的命題，多種解答的方向，這些解答

⬆ 上海沈壽昌之墓

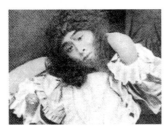
⬆ 春柳社演出《茶花女》劇照　茶花女由李叔同扮演

⬆ 宋氏三姐妹

⬆ 李叔同自畫像

⬆ 春柳社演出的《茶花女》劇照

都有機會呈現，有機會實踐，等待歷史的檢驗。無論國外還是本土，皆有焦慮布滿面容，到處奔走的身影。一開始「中學為體、西學為用」的想法，在複雜的時局下，越來越顯得過於簡單。

就在許多學子紛紛赴海外求學的時候，清朝的科舉考試也沒有停止。一九〇四年，最後一次殿試在北京舉行，進士題名碑上第一甲第一名刻著劉春霖的名字。這一年正逢慈禧太后七十大壽，本年的狀元由她欽定，對她來說，文章好壞並不重要，看中的卻是吉利不吉利。候選狀元周汝珍的名字，使太后聯想到所厭惡的珍妃，於是名落孫山。而劉春霖，便成了中國歷史上的最後一名狀元，科舉制度就這樣啼笑皆非地走完了最後一段路程。

一九〇五年九月二日，由袁世凱領銜，張之洞、岑春煊等一批地方重臣，聯名上奏朝廷，建議廢除科舉。

↑ 袁世凱像

↑ 兩廣總督岑春煊

↑ 清末實業家張謇

↑ 北京國子監

↑ 南京江南貢院

↑ 歷代進士碑

↑ 美國耶魯大學：王寵惠畢業於這裏

同一天清廷發出上諭，決定第二年停止科舉考試中的鄉試和會試。通過北京圖書館的微縮膠捲，今天的人們還可以清楚地看到，這條刊登在《申報》頭版頭條的上諭。

位於南京夫子廟東的江南貢院，是明清兩代的考場，每逢鄉試，兩萬多間號舍（即考室，今天又叫考場），坐滿了考生，每個考生，要在這小小的號舍內，度過九天七夜。考生們自備食物，其艱辛可想而知。但畢竟金榜題名的誘惑實在太大了，隨著科舉制度的逐漸僵化，答卷內容只能在儒家經典中尋章摘句，每一篇文章，必須包括八段，寫成八股體，這就是著名的八股文。個人觀點十有八九淹沒在典故堆中，行文嚴重受制，充滿腐朽之氣，遠遠落後於社會發展。

這樣的科舉制度，嚴重制約了人的創造性，使人厭倦，但一批出身貧寒的有識之士也確曾通過科舉而成名。事實上，金榜題名，不僅僅是種榮譽，在封建社會它使平民階層「學而優則仕」。在等級

↑ 江南貢院的號舍

↑ 科舉考試的末一碑 1

↑ 科舉考試的末一碑 2

↑ 南通大生一廠

↑ 南通大生碼頭

↑ 科舉考題

↑ 大公報刊登的商部《獎勵
華商公司章程》

的嚴格限制下，科舉曾是一種靈活的策略，通過選拔補充國家人才的不足。但隨著封建制度的衰落，它的弊端越來越突出，早期的活力喪失殆盡，成爲眾矢之的。現代經濟發展，需要懂科學精實務的人才，老舊的八股文對此毫無益處，爲人們所詬病。

在一八九四年的進士題名碑上，我們找到了張謇的名字，他是這一年的狀元，當時張謇已經四十二歲了。這一年的狀元卻被甲午戰爭的敗局所震動，他毅然離開了官場，轉向實業救國。孔廟的末代進士題名碑下有這樣一段文字說明，歷代進士題名碑都是由國家出錢，末代進士題名碑卻是由進士們自己集資修建的，國庫空虛的清政府，已無力爲它的臣子樹碑立傳了。舊式文人，不得不悲涼地退出歷史舞臺，數風流人物，輪不到他們，千年的桎梏使他們失去了前行的可能性。其中的有識之士，紛紛轉身，以沉痛之心尋求民族新的方向。

　　病勢日重的清政府不得不最後一博。一九〇三年，設立商部，制定獎勵公司章程、破產律等商法，這些政策為私營企業的發展提供了便利條件。放棄狀元身分投身實業的張謇，一八九九年在家鄉南通開設了大生紗廠，一九〇四年，張謇擴建大生紗廠，增加紗錠兩萬多枚，把設備數量翻了一番。張謇認為中國經濟力量薄弱，只能有重點地發展棉鐵兩業，而棉紡織業投資少，資本周轉快，容易帶來利潤，因此應大力發展。一九〇五年，華僑簡照南、簡易兼兄弟二人，在香港創建南洋煙草公司。南洋公司香煙的包裝，十分有特色，煙標的表面，常常印有許多漢字，在大長城煙標上有這樣兩句話，「此煙取長城為牌，其香醇在鄰家舶來品之上」。從當時的香煙牌號上，我們可以感受到煙草工業發展的艱難和曲折，同時感到早期實業家迫切的心情，「在舶來品之上」，與其說是一種自信，不如說是民族經濟的整體期望。

　　新政期間，一些像同仁堂這樣的舊式商戶，也開始實行帶資本主義性質的經營管理方式，當時同仁堂的事務，由女掌櫃許燕芬掌管。這位出身名門的許掌櫃，事必躬親，知人善任，在同仁堂藥物的封面和現在大門的磚雕上，還保留著她的筆跡。善於接受新觀念的許燕芬，制定了最低工資加售藥提成的制度：一般工人每月工資一至二塊銀元，其他部分，由每日售貨總額中提取，每天中午十二時，天安門午炮一放，櫃檯便結帳，計算一天的總額，售貨員最高能拿到營業額的百分之三的提成。這種工資制度，同仁堂一直沿用了半個世紀，歷經滄桑而不改，見證了世事變遷。

　　在興辦實業的高潮中，商人的政治地位大大提高。張謇得到多次獎賞和升遷，張裕的創始人張弼士被賜予一品頂帶，元昌機器五金廠的祝大椿，得到了二品頂帶，這是史無前例的。與舊式依附朝廷的紅頂商人不同，這一批經商者，大都懷有振興國力的夢想，他們接受過西式文化的影響，帶來了新理念，也帶來了新氣象。　清

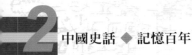

末，由政府出面倡導的實業浪潮，多少改變了中國重農輕商的傳統，促進了民間投資實業的風氣高漲。從一九〇五年到一九一〇年，國內開礦開工廠出現了一個新的高峰，客觀上爲中國資本主義的發展創造了有利條件。大型基礎工業設施的更新換代始於此，清政府萬萬沒料到，自己的苦心經營，正爲一個新時代建立了門檻。

<2> 反帝愛國運動風起雲湧

　　一九〇三年，一椿圍繞報紙的訴訟案，成爲上海文化界關注的交點，《蘇報》最初只是一家商業小報，翌年五月，章士釗被聘爲該報主編。章士釗一直從事反清活動，曾先後遭到清政府七次通緝，接手《蘇報》後，他大力宣傳反清革命思想，陸續刊登介紹鄒容的名著《革命軍》序言、章炳麟的《駁康有爲論革命書》等文章，鼓動建立中華共和國。章炳麟的文章甚至稱光緒皇帝爲小丑，這種大逆不道的言論，使清政府決定取締《蘇報》。然而，租界卻一直有自己的治外法權。一九〇三年，上海租界工部局又擬定新章程，規定會審公廨負責所有案件的審查工作，面對發生在租界的案子，清政府無權擅自辦理。清政府只好以政府的名義向上海的會審公廨控告章太炎等人。

　　一九〇三年七月，大清帝國政府連發兩道聖旨，要求引渡二人並封閉《蘇報》，爲此，清政府和外國公使展開了長達半年的談判。

　　遠在北京的慈禧對此案十分關注，爲

🔾 大生紗廠的招牌

↑ 南洋煙草公司煙標 1

↑ 南洋煙草公司煙標 2

↑ 舊時北京同仁堂

↑ 同仁堂女掌櫃許燕芬

↑ 各地紗廠建立情形

了鎮壓革命者，清政府不得不向洋人低頭，在頤和園她展開了夫人外交，贈送貴重禮品給外國公使夫人，以便各國同意引渡《蘇報》案犯。在會審法庭上，章炳麟和鄒容視死如歸，神色從容，圍繞蘇報案的審判和交涉，無形中為反清革命做了宣傳。隨著罪狀的公布，章太炎等人的作品和主張已不脛而走，廣為傳播。無論兩人是生是死，叛逆的火苗已被點燃，在民間廣為傳播，清政府殘暴與怯懦兼有的可恥形象，深為新型知識界所憎惡。

經過一年審理，兩人被判短期監禁。一九〇五年四月，鄒容病死獄中，年僅二十歲。一九〇六年，章炳麟刑滿出獄，遠渡日本。

就在清政府為蘇報案焦頭爛額的時候，中國東北又傳來了戰爭的訊號。旅順口位於遼東半島的最南端，一個多世紀以來，這裏一直是兵家必爭的戰略要地。一九〇四年二月八日，離春節還有八天，人們沉浸在節日的氣氛中，這一天停泊在旅順口的俄羅斯海軍艦隊，突然遭到日軍炮火的猛烈攻擊，日俄戰爭由此爆發。

當時的東北已經相當繁華。

↑ 章士釗

↑ 租界「會審公廨」庭審情景

↑ 章炳麟的著作

↑ 清政府關於「《蘇報》案」的密電

兵臨東北的俄羅斯帝國，對這片土地垂涎已久，從十九世紀四十年代起，俄羅斯強佔了這裏的大片土地，一直企圖獨霸整個東北。但隔海相望的日本，也一直覬覦著東北平原。日本利用從中國獲得的大量賠款在東北建廠開礦，掠奪資源，並制定了十年擴張計劃，當俄羅斯威脅到日本的利益的時候，雙方一場意在搶佔東北的戰爭，也就在所難免。

以旅順為起點的日俄戰爭，迅速蔓延到整個遼東半島。二月十二日，清政府宣布中立，並為兩國劃出了交戰區，任憑日俄軍隊在自己的土地上大打出手。一個主權國家的政府，成了袖手旁觀、無動於衷的看客，實是令民眾失望，令有識之士悲哀。

戰爭延續到一九〇五年，日本軍隊節節勝利，佔領旅順口後，日軍又在遼陽擊敗了俄羅斯的主力部隊。俄羅斯軍隊的慘敗，使俄羅斯局勢迅速惡化，並引發了一九〇五年的資產階級革命，沙皇政府不得不宣布了實行憲政改革。日本的崛起使全世界為之震驚，十年前，在甲午海戰中，它曾擊敗了大清帝國，如今又戰勝了一個歐洲勁旅。此後日本一直控制東北的南部，日本奠定了它在東亞的霸主地位。

對日俄戰爭的結果，中國朝野反應強烈，實行憲政後日本的崛

起，使人們頗受震動和啓發。以兩廣總督岑春煊、湖廣總督張之洞等爲代表的朝廷重臣，借此大造輿論，呼籲清政府實行憲政改革。

一九〇五年九月，日俄兩國宣布停戰。在日俄兩國清點各自傷亡數字的時候，發現兩國傷亡的總人數不過十萬人，而無辜的中國平民的傷亡人數竟是他們的三倍之多。日本的隨軍記者拍攝了大量的照片，並製成幻燈片在國內放映，從照片上可以看到，在屠殺中國人的現場，自己的同胞成了麻木的觀眾，這一幕情景深深刺痛了正在日本留學的魯迅，從此以後，他棄醫從文，走上思想啓蒙的道路。

國力衰微刺激著人們的神經，促使人們更爲急切地尋找救國強民的良方，年輕的革命者在書桌前坐不住了，充滿投筆從戎的激情。有一張我們所能看到的孫中山最早的照片，那一年他十七歲，在美國檀香山，他斷髮立志投身革命，留下這張照片。四十六歲時，他就任中華民國臨時大總統。

一八六六年十一月十二日，孫中山出生於廣東省香山縣（今中山市）。孫中山，名文，字德明，號日新，改號逸仙，後化名中山。在家鄉，他一直生活了十二年。那時候太平天國的故事，還在廣爲傳誦，

↑ 章炳麟

↑ 鄒 容

↑ 大連旅順口

↑ 在中國領土上進行的日俄戰爭簡圖 1

↑ 在中國領土上進行的日俄戰爭簡圖 2

造反英雄洪秀全，成爲孫中山心目中的英雄。一八八三年，十七歲的孫中山來到香港求學，先後在中央書院和南華醫校讀書，在這裏他廣泛接觸世界先進的思想學說，並與陳少白等經常聚會。孫中山後來說，我的革命思想，完全得之於香港。當時他的同鄉康有爲是中國赫赫有名的思想家，一八九三年，二十七歲的孫中山，向正在廣州講學的康有爲求教，遭到拒絕，後來孫中山選擇了比變法維新更爲激進的革命道路。檀香山是華僑聚居的地方，這裏至今還保留著孫中山的故居，一八九四年冬，孫中山決定在這裏組織革命黨。十一月二十四日，興中會成立，提出振興中華的愛國口號。第二年，興中會計劃在廣州舉行武裝起義，這是十九世紀革命黨人的第一次武裝起義。消息使清政府恐慌萬分，孫中山成了通緝要犯，被迫流亡日本。

　　一八九六年遊歷於英國倫敦的孫中山被清駐英使館誘捕，後在他的老師康德黎等人的營救下才得以脫險。孫中山的遭遇受到英國新聞界的廣泛關注，後來孫中山用英文寫出了《倫敦遇難記》一書，並被譯成多種文字出版，革命家孫逸仙這個名字，開始被許多國家的人民所熟知。在此後的一年多時間裏，孫中山僑居倫敦，詳

細考察西方國家社會風俗和政治制度,大不列顛博物院圖書館成為他經常光顧的地方,在這裏他博覽群書,初步形成了三民主義的政治思想。

一九○五年四月,孫中山來到比利時訪問社會黨之際,他的革命思想發生重大變化,在這裏他接受留學生朱和中提出的建議,決定在留學生和新軍中發展革命力量。

一九○五年七月,孫中山從歐洲抵達日本,受到留日學生的熱烈歡迎。在這裏,孫中山與黃興第一次見面,開始了他們精誠合作、創建民國的歷程。黃興二十九歲生日那天決定創辦的華興會,是當時最大的革命團體。在上海,一群浙江知識份子成立了光復會,他們提出「光復漢族,還我山河」的口號。當時任會長的蔡元培,曾主張用暴動和暗殺的方式,尋求革命的成功。一九○五年七月三十日,六十多人聚集一堂,籌劃成立中國同盟會,會上推舉孫中山為總理,作為全國第一個統一的資產階級革命政黨,他擔負起領導資產階級革命的歷史重任,一個民主革命運動的高潮也為期不遠。這年的十一月,中國同盟會的機關報《民報》在東京創刊。

⬆ 日俄戰爭中被殘害的中國百姓

↑ 十七歲時的孫中山

↑ 在美國檀香山時期
的孫中山

↑ 康有為

在創刊詞中，孫中山首次公開提出了三民主義，《民報》成為當時最暢銷、最有影響的雜誌。隨後國內外同盟會紛紛成立，孫中山形容說，當時的革命形勢，處在一次偉大的民族運動的前夕，只要有星星之火，就能在政治上造成燎原之勢。

↑ 孫中山（左二）與黃興（左四）等人在一起

這一年爲了反對美國排華禁約，國內掀起聲勢浩大的抵制美貨運動。在上海，憤怒的人們燒毀了駐上海領事的汽車，反帝愛國運動風起雲湧。

面對四方風動的政治局勢，清政府不得已做出了變革的姿態。在大臣伍廷芳的建議下，清政府改革稅法，廢除凌遲等慘無人道的酷刑。 這年七月十六日，清政府頒布詔書，命載澤等五人，赴東西洋考察政治，爲立憲做準備。一九○五年，清政府五位大臣準備從北京正陽門火車站出發，巡察各國，但誰也沒有注意到，一個青年人懷揣炸彈，也尾隨上了火車，他叫吳樾，是當時革命黨中的暗殺團成員。可惜炸彈不愼提前爆炸，但失敗的暗殺在當時引起了很大的轟動。五大臣考察行期，

⬆ 廣東香山 孫中山故居

⬆ 廣州 康有爲講學處

⬆ 孫中山與少年好友

⬆ 孫中山與少年好友

⬆ 孫中山的兩位少年好友

不得不推遲三個月。

對於這些從未走出過國門的大臣來說，這是一次終身難忘的旅行，他們分頭考察了英美等十三個國家。世紀初的西方世界，正沉浸在平靜、安詳和富足的生活中，現代化的電力通信，先進的交通工具，新鮮完備的娛樂設施，一切都讓五大臣感到新奇。如今，我們已經很難想像，他們當時的複雜心態。不知道拖著長辮子

↑ 正陽門車站

↑ 戴鴻慈、端方在德國與當地官員的合影

↑ 清政府通緝孫中山的告示

的載澤、端方是如何出入歐美議會的，在美國舊金山，端方曾被賓館的旋轉門所困住，狼狽不堪，這件事一時傳爲笑談。在考察過程中，每到一處，五大臣都要給朝廷發回一份介紹該國國情的奏摺，在中國第一歷史檔案館裏可以看到這些奏摺，這些類似遊記和觀感性質的文件，生動記錄了中國人最初認識世界、觀察世界的種種心態。

↑ 孫中山與興中會成立誓詞

一九〇六年，經過大半年的考察，五大臣陸續回國，走馬觀花式的考察，使五大臣在爲朝廷起草正式報告時，發了愁，幾經周折，報告的一部分交給了主張立憲的梁啓超來完成。而此時，他正流亡日本，是朝廷的欽犯，在奏摺中，他們歷數了立憲的好處。這份報告，對慈禧下決心實行新政起了很大的作用。

↑ 赴海外考察政治的清朝大臣

⬆ 伍廷芳　　　　⬆ 吳樾　　　　⬆ 端方　　　　⬆ 梁啓超

　　1906年，清政府公布憲法大綱，準備實行君主立憲制，不過預備過渡期為九年，而社會上的廣大民眾，對這種所謂的改革充滿疑慮，革命黨人更是給予抵制。這漫長的九年過渡期，足以醞釀一場風暴，足以拉大與世界的距離，清政府開放的承諾，顯得空洞虛弱，不能給民眾以信心，拖延之心，昭然若揭。

　　二百多年統治，中華帝國江河日下，清政府已經無法改變自己腐朽軟弱、賣國的形象。

<3> 思想的先行者轉化為行動者

⬆ 清朝五大臣出洋過程中發回的
介紹該國國情的奏摺

　　山雨欲來風滿樓，經過痛苦的思索，思想的先行者轉化為行動者。不僅僅是新派青年，在舊制度的泥沼中，同樣也有重生的鳳凰，秋瑾就是這樣一隻重生的鳳凰。即使在今天，她的勇氣與風範依然令人懷想。

　　一九〇四年，二十九歲的秋瑾，做出

↑ 秋瑾 1

了一個勇敢的決定，變賣所有的金銀首飾，赴日本留學，多年的壓抑並未抹煞她活躍的天性、過人的才情。當時她已經是兩個孩子的母親，這個選擇改變了她的一生，可以想像，離鄉棄子對她來說是多大的哀傷，但對新世界的憧憬，對舊氣息的憎惡，權衡之下，令她有勇氣放棄。離開北京時，她寫詩抒懷，「日月無光天地昏，沉沉女界有誰援」。當時的日本，吸引了大量的中國優秀青年，然而在留學生中，還很少見到女性的身影。

在日本，秋瑾結識了革命領袖孫中山和黃興。她的紹興同鄉周樹人，此時也在日本。在此期間，她的表兄徐錫麟也來到日本，秀才出身的徐錫麟性情剛烈，喜歡習武，是秋瑾志同道合的摯友。在

↑ 秋瑾男裝像　　↑ 秋瑾 2

↑ 秋瑾在日本

此後的幾年裏，兄妹倆的命運被共同的革命激情聯繫在一起。在東京，秋瑾幾乎參加了所有的進步組織，推翻清王朝成為她的理想，卓越的才能見識使其有別於同時代暮氣沉沉的女性。鑑湖女俠，咀嚼著清醒的痛苦，當絕大多數女性還困在深閨若井底之蛙，她以絕大的勇毅走出圍城，來到一個開闊的世界。

一九〇四年冬天，秋瑾回到上海，在厚德里，她與同伴一起，四處籌款，創辦《中國女報》，傳播婦女解放和男女平等的思想。儘管刊物因經費短缺只出了兩期，但給許多女性留下了深刻印象。她創作的《女權歌》

曾在女學生中廣爲傳唱。這年冬天，一群浙江人聚集在上海發起成立了反清革命組織光復會，已經回到家鄉紹興的秋瑾，在徐錫麟的介紹下，結識了光復會的發起人蔡元培和陶成章，成爲光復會成員。

　　這一年，日俄兩國在中國東北發起戰爭，慈禧太后卻只顧慶祝七十歲的生日，光復會決定抓住時機，發動起義。一九〇五年，徐

↑ 徐錫麟在日本

↑ 大通師範學堂第一學期同學合影

↑ 紹興大通學堂舊址

錫麟回到家鄉紹興，創辦大通師範學堂，這是光復會培養自己武裝力量的軍事學校，從建制到課程設計，都相當正規。外國侵略者的形象被釘在學生們軍事訓練的靶心上，兩年內，這所學校吸引了一批青年精英。不久，徐錫麟將學校交給秋瑾，自己赴安慶組織發動起義。秋瑾顯示出優秀的領導組織能力，她經常女扮男裝，四處奔走，聯絡會黨。一九〇七年七月，她和徐錫麟相約，同時發動起義。由於消息洩露，徐錫麟在安慶的起義遭到失敗，徐錫麟被殘忍殺害。幾天後，清軍包圍了大通學堂，秋瑾被捕。

　　七月十五日凌晨四點，秋瑾踏著星光走向刑場，臨刑前她留下絕筆：「秋風秋雨愁煞人，悲歌一闋，感慨萬千而不悔，神州雖陸沉，亦有日出時。」自當爲革命流血第一人，由於女性的身分，秋瑾被寫入教科書，但

↑ 徐錫麟

↑ 光復會創始人陶成章

↑ 醇親王載灃

↑ 徐錫麟遺照

她也是當時千萬熱血青年的一員，長夜漫漫，黎明的血色需要犧牲。

光緒三十四年十月二十日，即西元一九○八年十月十三日的晚上，一支不尋常的隊伍離開紫禁城，急匆匆趕奔醇親王府。他們帶來慈禧太后的懿旨，醇親王的長子溥儀，已被定為皇位繼承人，突如其來的消息，使醇親王府陷入一片忙亂之中。深知太后秉性的醇親王載灃，此時心情非常複雜，他心疼只有三歲的兒子，卻又不敢違背太后旨意，幼小的溥儀大哭不止，太監只好將奶媽王焦氏一併帶進宮去。

↑ 秋瑾等人起義時使用的武器

↑ 紹興古軒亭口

↑ 幼小的溥儀

此後六年的時間，溥儀再也沒有見過自己的生身母親。

半個世紀後，已經成為普通公民的溥儀，在

⬆ 慈禧出殯的熱鬧場面

他的自傳《我的前半生》中這樣描述他剛進宮時的情形，「記得那時自己忽然處在許多陌生人中間，在我面前有一個陰森森的帷帳，裏面露出一張醜得要命的瘦臉，這就是慈禧」。據說溥儀一看見慈禧，立刻嚎啕大哭，渾身哆嗦不止。這種描述或許有醜化的成分在內，但慈禧當時在朝廷的權威是不可動搖的，多年執政，儘管外面風雨飄搖而寶座依然穩固，百官噤若寒蟬。

慈禧的威嚴，光緒皇帝最有體會，三歲進宮的他，從當皇帝的第一天起就受制於慈禧。戊戌變法後，光緒被慈禧太后囚禁在中南海瀛台整整十年，大清帝國在激烈的動盪中，日漸沒落，庚子之變，新政討論，保皇黨的挽救，革命黨的反抗，光緒帝都無能為力了，帝王之尊，敵不過「祖宗家法」。溥儀進宮的第二天，光緒如同一盞孤燈，絕望地熄滅了。也許是天意，也許是巧合，光緒死後第二天，慈禧也命歸黃泉。暮氣沉沉的大清國不可遏制地走向終點，帝后宮闈的千年傳說在瞬間而逝。

清王朝為慈禧舉行了奢華的葬禮，國有大喪，政府規定，一月之內

↑ 慈禧晚年像

↑ 北京中南海瀛台

↑ 林覺民

↑ 趙聲

禁止婚嫁，百日之內不准奏樂。然而大清帝國的威嚴，正一點點喪失，即使在慈禧的葬禮上，人們的表情也不僅僅是悲傷。禮部尚書端方在葬禮上還輕鬆地擺弄著照相機，慈禧去世時的照片正是他留下的。

　　兩個月後，清廷在太和殿為溥儀舉行登基大典，年號宣統。隆裕太后代替慈禧，被封為皇太后，又一個女人坐到了皇帝的身後。

　　而時代不會容許歷史開這種重複的玩笑，覺醒的民眾更不容許，前仆後繼，不惜奉獻年輕的生命來再造中國。

↑ 慈禧出殯時的官員

↑ 隆裕太后與溥儀

↑ 廣州黃花崗起義指揮部舊址

↑ 福州林覺民故居

↑ 林覺民的訣別書

林覺民，許多人是從那感人至深的遺書中認識他的，寫那封遺書的時候，林覺民年僅二十五歲。在福州高等師範學堂學習期間，清廷的腐朽，國家的危亡，深深刺激著這位熱血青年，他曾登臺演講，題為《挽救垂亡之中國》，一位老師聽後感歎，亡清者必此輩也。

一九〇九年，林覺民赴日留學，在那裏他加入了同盟會。兩年後，他受孫中山委派，回國籌備武裝起義。這已經是孫中山領導的第十次武裝起義了，華南重鎮廣州，一直是孫中山策動起義的重要城市，這次他們再次把目光投向這裏，接受歷次起義的教訓，孫中山、黃興等人做了周密的準備。起義負責人黃興和趙聲，從香港進入廣州，在這裏設立秘密指揮部。

按原定計劃，起義成功後，兵分兩路，由黃興率領一支義軍，從湖南北上武漢。另一支部隊，由趙聲帶領從江西順江而下，進攻南京，同盟會對此充滿信心，為了準備這次起義，他們動員了所有的精英。

臨去廣州的前一天，林覺民回到家庭，在家裏他與親人留下了最後一張合影，當時他的妻子已經有了身孕，家裏人不會想到，這是他們與林覺民見的最後一面。

↑ 林覺民與家人的最後一張合影

這是一次極為悲壯的起義。布署工作遇到意想不到的困難，原定計劃被打亂，起義日期一改再改，最後黃興還是決定發動起義，一千多名青年投入這場慘烈的戰鬥，由於力量對比過於懸殊，起義結果可想而知。同盟會的骨幹力量損失殆盡，僅葬在黃花崗的就有七十二名烈士，林覺民是其中之一。起義前一天晚上，林覺民留下了一封訣別書，在信中他表達了一個丈夫和一個父親對妻兒的感人情懷。

武力平息黃花崗起義後，新軍成為清政府維持統治的唯一支柱，這支軍隊是中國當時最現代化的武裝力量，為此清政府苦心經營了十年。庚子之變的第二年，國勢衰弱的清政府下決心，編列一支完全近代化的新式軍隊，一九〇一年開始的新政革新措施、軍隊建設，傾注了清政府的大量心血。一些洋務運動的領袖人

↑ 黃花崗起義的場面1-4

物，成了這項改革的積極推行者。在武漢任湖廣總督的張之洞，開始著手組建湖北新軍，此前他在洋務運動期間，創辦的一系列軍工企業，使武漢一躍成為全國最重要的工業重鎮，也為新軍建設提供了物質保障。

湖北新軍對兵員的素質要求嚴格，和其他新軍相比，更加重視官兵的文化素質，秀才從軍成為這支隊伍的特有現象。經過幾年的訓練，各省的新軍成為清軍中最有戰鬥力的部隊。一九〇六年深秋，一場大規模軍事演習，在河南彰德（今安陽）舉行，袁世凱擔

⬆ 漢陽鋼鐵廠

⬆ 漢陽銅廠

⬆ 黃花崗義士就義圖

⬆ 湖北新軍

⬆ 十八星旗

⬆ 在湖北都督府飄揚的十八星旗

任總指揮，這次演習集中了全國各路新軍的精銳部隊，湖北新軍表現優秀，受到廣泛好評，指揮官黎元洪在這次演習中，引起了人們的關注。畢業於北洋水師學堂的黎元洪，早年在北洋海軍服役，後負責訓練湖北新軍，因出色的軍事才能，在新軍中具有很高的威望。新軍的崛起，引起當時革命黨人的極大關注，他們開始注重在新軍中，發展自己的力量。以蔣翊武為首的文學社，孫武為首的共進會，在湖北新軍中，也有很大的影響，許多優秀青年紛紛加入組織。

日漸強大的革命力量，一直在等待時機的成熟。

一九一一年六月，四川保路運動爆發，當地民眾強烈抗議清政府的鐵路國有政策，擔心路權落入外國人手中，請願活動，演變成大規模的武裝衝突，四川陷入混亂之中。清政府緊急調集湖北新軍入川，武漢變成了一座空城。醞釀已久的革命軍，看準這一時機，準備起義。不料消息走漏，起義提前爆發。十月十日，一個注定被載入史冊的日子。這一天從武昌新軍響起的槍聲，震動了全國，清

政府沒有想到自己苦心經營十年之久的新軍，竟成了自己的掘墓人。

十八星旗飄揚在湖北都督府的上空，此時，著名革命領袖孫中山遠在國外，黃興在香港，義軍推舉黎元洪擔任中華民國湖北軍政府都督。

武昌起義的成功，迅速在全國引起連鎖反應，在短短幾個月時間裏，全國十八個省相繼宣布獨立，革命勢如破竹，清政府無能為力。

一九一一年，農曆辛亥年，歷史銘記的年代。延續幾千年的封建帝制，在十月十日這一天，被敲響了喪鐘。

<4> 人們被新生活所感染

戰爭的硝煙剛剛散盡，武漢成了一片歡樂的海洋。武昌起義成功，使清政府大為震驚，迅速調動精銳的北洋軍向武漢逼近，一場真正的武裝較量，拉開了序幕。

十月十八日，武漢保衛戰開始。十天後，著名將領黃興到達武漢，出任戰時總司令，面對裝備精良、訓練有素的北洋軍，武漢承受著巨大的壓力，漢口、漢陽相繼失守。危急中，關於武昌的留守問題，革命黨人發生了激烈爭執，各方未能達成一致意見，會議結束後，失望的黃興搭上了開往上

⬆ 黎元洪

⬆ 保路運動的漫畫

↑ 黃興

↑ 張勳

↑ 江浙聯軍總司令
徐紹楨

海的輪船。

十一月四日,漢口失陷兩天後,上海光復,獨立各省的代表,雲集上海,準備組建中華民國臨時政府。一九一一年十二月一日,一位澳大利亞記者向全世界發出了這樣的消息,「這天清晨,一場生死鬥爭,在一座城市和一座山的中間進行」。電文中所稱的城市就是南京,一座山就是紫金山。江浙聯軍總司令徐紹楨,從十一月份開始,率軍進攻南京,先後攻克天保城、雨花臺,最後從紫金山向南京城發起總攻。守城的清軍將領張勳,見敗局已定,棄城逃走。

南京光復後,當時任江蘇省諮議局局長的張謇派人慰問江浙聯軍,這位威望很高的政界要人的態度,舉足輕重,一些保守的立憲派人士,也對清政府不再抱有任何幻想,紛紛支持聯軍,擁護共和。市民們更是歡欣鼓舞,南京形勢一片明朗,中華民國政府的選址問題,終於有了轉機。

↑ 光復後的上海

這是一次改變中國命運的深刻革命,給中國人民留下了難忘記憶。紛紛宣布獨立的各省,懸掛起各式各樣的旗幟,歡樂的氣氛中,人們在憧憬一個共同的夢想——共和。

上海的革命黨人提出,臨時政府設在南京,各省代表一致同意。十二月四日,

↑ 江浙聯軍進軍南京

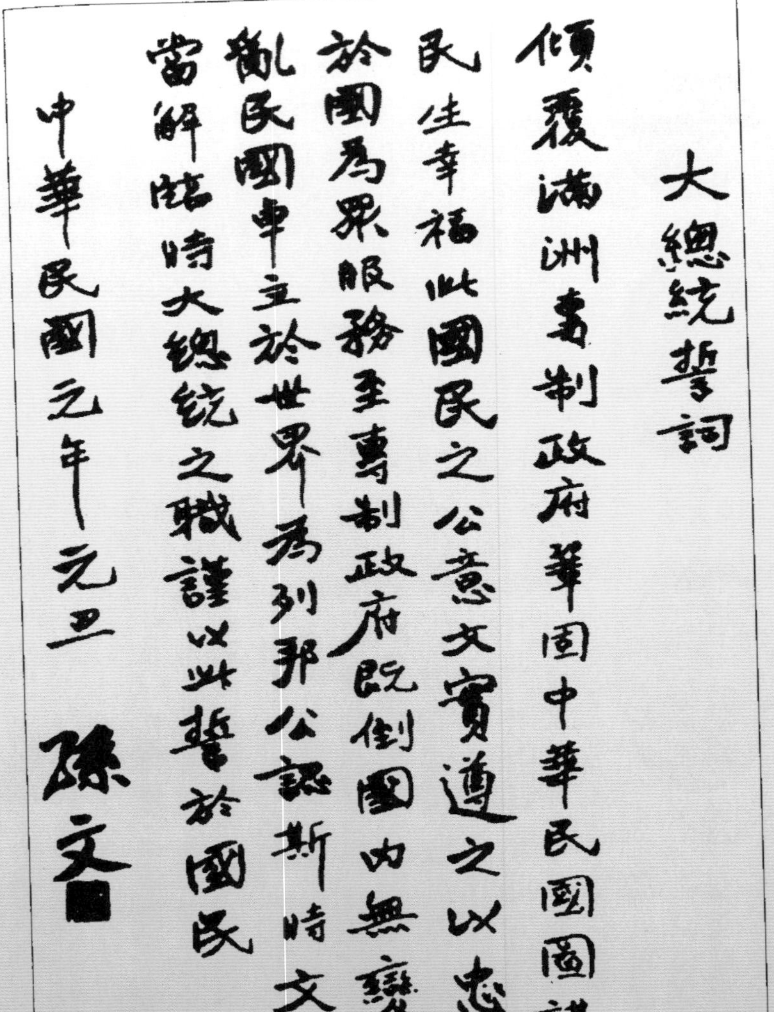

大總統誓詞

傾覆滿洲專制政府鞏固中華民國圖謀
民生幸福此國民之公意文實遵之以忠
於國為眾服務至專制政府既倒國內無變
亂民國卓立於世界為列邦公認斯時文
當解臨時大總統之職謹以此誓於國民
中華民國元年元旦　孫文

↑ 孫中山就任臨時大總統誓詞

↑ 南京的江蘇諮議局舊址

各省代表在上海召開議會，選舉黎元洪爲
大元帥，黃興爲副元帥，但黃興並沒有赴
任。因爲他得到了一個消息，一位衆望所
歸的人物正從海外歸來，這個人就是孫中
山。一九一一年十月十二日，遠在美國的
孫中山，從報紙上讀到武昌起義的消息。

↑ 孫中山與清廷議和代表唐紹儀在一起

⬆ 十八省代表合影

⬆ 臨時大總統誓詞

⬆ 孫中山於臨時大總統府門前

⬆ 南京臨時總統府

⬆ 臨時內閣的各部部長

⬆ 第一次國務會議

他懷著興奮的心情，遠赴歐洲，尋求各國支持。

　　一九一一年十二月二十九日上午九點，十七省代表雲集南京。在江蘇諮議局選舉臨時大總統，到會代表有十七省的四十五人，每省一票，眾望所歸的孫中山以十六票當選。場內響起中華民國萬歲的歡呼聲，南京城一片歡騰。

　　一九一二年元旦，孫中山從上海來到南京，宣誓就任臨時大總統，當天晚上，總統府彩燈高懸，各國領事紛紛前來祝賀，數萬人聚集在門外，歡呼聲震動天地。孫中山的手跡，至今還掛在總統府，在陳設簡樸的房間裏，孫中山簽發了開闢中國歷史新紀元的多項法令，顯示出一個共和政府有別於封建王朝的嶄新氣象。

　　孫中山生活簡樸，作風平易，表現出一位平民總統難得的精神境界。有一次他的同鄉、清廷議和代表唐紹儀到總統府拜見他，用餐時，平時生活奢侈的唐紹儀，見菜食粗劣，竟無法下筷，孫中山自己卻吃得津津有味。唐紹儀深受感染，後來他轉向革命，成為民國的第一任總理。

⬆ 唐紹儀

⬆ 伍廷芳

⬆ 良弼

⬆ 一九一二年的毛澤東

在總統府，孫中山主持了第一次國務會議，新生的共和國仿照美國採用了總統制，由總統直接領導各部部長。在孫中山的內閣中，吸收了各派精英，立憲派領袖張謇被任命為實業總長，而一個月前，他還是共和革命的反對者。

正在美國留學的青年學生宋慶齡，接到了家裏寄來的共和國五色旗，心潮難平，在校刊上，她發表政論文章，將民國建立譽為二十世紀最偉大的事件。三年後，她成為孫中山事業的忠實追隨者。

當時在湖南長沙讀書的毛澤東，興奮中投筆從戎，參加了當地的革命軍。正在致力於蘇俄革命的列寧，注意到了中國的變化，他讚歎道，真實的戰鬥的民主主義，出現在孫文宣政綱領的每一行。

一九一一年，北京的氣氛驟然緊張起來。各省獨立的消息，相繼傳來，城中流傳著各種各樣的傳言。紫禁城雖然表面上還保持著帝國的威嚴，但它的主人已經隱隱感到了末日的臨近。攝政王載灃一籌莫展，面對危急，隆裕太后臨朝訓政，她一方面下詔罪己，做出變革的姿態，並下令釋放了所有的政治犯，另一方面急召袁世凱回京，這是她手中僅剩的一張王牌了。

袁世凱一直等待著機會，終於到來了。早已成竹在胸的他，並不急於出山，他暗示北洋

⬆ 年輕的宋慶齡

軍六個字：慢慢走等等看。直到軍政大權集於一身，袁世凱才同意就任，他在繼續派兵向南方施壓的同時，又派代表與武昌革命政府密切接觸。清廷的和談特使是袁世凱的親信唐紹儀，南方的首席代表是老資格的外交官伍廷芳，談判在上海進行，雙方共議和五次，障礙重重。南方政府為盡快結束南北戰爭，迅速推翻清政府，向袁世凱做出公開承諾，如果袁世凱贊成共和，迫使清室退位，大總統之位非他莫屬。孫中山就任臨時大總統後，再次致電袁世凱，重申這個承諾。紫禁城裏，對袁世凱與南方政府之間的談判，極為關注，但可怕的一天還是來到

↑ 孫中山辦公室 1-2

↑ 河南洹上 袁世凱老家 1

↑ 河南洹上 袁世凱老家 2

↑ 袁世凱垂釣圖

↑ 孫中山起居處 1-3

了。一月十六日，袁世凱來到養心殿，奏請隆裕太后，召開皇族會議，討論帝位去留問題。袁世凱帶有逼宮性質的行為，給當時只有六歲的皇帝溥儀留下了深刻的印象。

辭別隆裕太后，袁世凱經東華門出宮，遭到革命黨人的襲擊，這次暗殺行為無形中使袁世凱找到了要挾清政府的藉口，從此他稱病不再上朝。皇宮裏關於退位的爭執更加激烈，禁衛軍將領良弼堅決反對退位，隆裕多次召集御前會議也沒有結果，良弼成了革命黨人刺殺的另一個目標。

一九一二年一月二十六日晚，良弼在家門口遭到炸彈襲擊，刺客是年輕的革命黨人彭家珍，他自己也被當場炸死。同一天在前線作戰的段祺瑞等五十名將領，通電逼宮，隆裕太后已別無選擇了。

一九一二年二月十二日，隆裕太后以宣統皇帝的名義發布詔書，宣布清廷退位，起草詔書的是十七年前的狀元張謇。清室優待條例也同時公布，清帝的尊號保留，但他統治的地方，只剩下一座小小的紫禁城了。宣讀完退位詔書，隆裕太后失聲痛哭，一個統治中國長達二百六十八年之久的王朝，在孤兒寡母的漣漣淚水中，走到了終點。在紫禁城養心殿，外務大臣

⬆ 清廷退位詔書　　　　⬆ 北京天安門　　　　⬆ 北京長安街

胡維德等人，接過隆裕太后手中的退位詔書，不過這次他們沒有大行叩拜之禮，而是用三鞠躬的方式，向這個王朝做了最後的告別。

　　一九一三年一月一日，天安門對外開放。昔日戒備森嚴的皇家禁地，迎接第一批普通百姓，也迎接了無數憧憬，雕欄玉砌猶在，在陽光下泛著明朗的金色。無從想像那時的平頭百姓懷著怎樣的情感踏入帝王城池，神秘的禁忌在瞬間被打破，或者眩暈，或者歡樂，都說是改朝換代「昔日王謝堂前燕，飛入尋常百姓家」，但堂而皇之穿越紫禁城，仍是幾百年未有的驚雷，震撼再震撼，人們還來不及仔細回味，就被新生活所感染。

<5> 上海的都市情懷

　　在上海，仍然保留了一小段舊城牆，它是這個現代化都市的歷史記憶。從一八四〇年開埠以來，短短幾十年的時間，上海一躍而成為遠東著名的大都市，半個多世紀的開放和發展，使昔日的城牆喪失了原有的意義，一九〇一年上海商人聯合奏請朝廷拆除城牆，以興商貿，十年後，這個願望才變為現實。一九一三年，相繼開通了民國路和中華路，代替了高大封閉的城牆，僅從路名也能感受到

⬆ 梅蘭芳早期劇照 1-4

一種嶄新的時代色彩。

　　民國初年，上海的第一座石庫門建築在新康里落成，這是一種開放式的住宅結構，它代替了傳統式的高宅深院，顯示了上海特有的人文風貌。民國後，那些衝破大家庭束縛的青年男女，紛紛住進弄堂，這也成為上海從封閉走向開放的一種歷史見證。不僅是一個

住宅樣式，既隱秘又開放的弄堂，代表著一種新興的城市生活，上海獨有的商業城市文化與之息息相關，市民階層的特點，也逐漸清晰穩定下來，成為後世作家百寫不厭的題材，已經作為城市背景保留下來。

　　一九一三年，民國政府頒布新學制，規定小學男女同校，校園裏開始充溢清新活潑的風氣，民國初年，隨著婦女地位的提高，大批婦女觀眾湧進了戲園，女性特有的欣賞趣味給傳統戲劇帶來了新的變化，年輕美貌的旦角，開始擁有大量的觀眾。一九〇七年，初次登臺演出的梅蘭芳，因善演青衣，在民國後開始嶄露頭角。一九一三年十一月，梅蘭芳應邀去上海演出，梅蘭芳彷彿進入了一個全新的藝

⬆ 上海城牆 1-3

↑ 梅蘭芳赴上海演出劇照1-4

術境界，後來他回憶說，「那半圓型的新式舞臺，跟舊的相比，是好得太多了，這使我在精神上得到了愉快和興奮」。梅蘭芳在上海演出大獲成功，從此他開始一步步邁向京劇藝術的頂峰。經過改良的優秀藝術形式，得到市民的熱情追捧，也得到新文化健將的認同，擁有可觀的觀衆。

巨大的變革反映在日常生活之中，小至平民百姓，亦感覺到時代急促的步伐。 對於許多中國人來說，推翻封建王朝的革命是從剪辮子開始的。那根長長的辮子，中國人不知不覺梳了近三百年。一六四四年，蓄著長辮子的滿族軍隊入關，限令漢族人一律蓄髮，辮子成了是否效忠大清皇帝的象徵。剃頭挑子上，樹著一根旗桿，最早懸掛的是官府的告示，後來改掛毛巾和磨刀布了。在留髮不留頭、留頭不留髮的嚴厲威脅下，漢族男人不得已留起了長辮子，於是剃頭成爲一個新的行當。

二百多年後，辮子再次成爲中國政治的焦點，剪辮子被看成是一些革命者與清王朝決裂的第一步。一八九五年，孫中山在日本斷髮易服，開始投身共和革命，一九〇三年，留學日本的魯迅，也告別了長長的辮子，並特意在照片後題詩，表達了憂國憂民的情懷。迫於朝野的壓力，清政府新政期間，鬆動了對留辮子的禁令。一九一〇年，咨政院通過剪辮易服案，這年召開了剪辮大會，一時盛況空前。出自外國攝影師之手、一百年前的照片，可以看到留著長辮子的情景。在他們眼裏，辮子是這個封閉保守國度的象徵。隨著大

清王朝的滅亡，也宣告了辮子這種陋習的終結。

一九一二年，剛剛成立的民國政府專門發出第二十九號公告，號令民眾一律剪辮。一場改朝換代的變革，從人們的日常生活和服飾髮辮開始了。失去辮子的中國人，一時難以適應這種變化，於是帽子開始時興起來，久負盛名的盛錫福帽店，就創建於一九一二年，據店史記載，盛錫福日夜趕製仍然供不應求，社會風俗的變化之快，由此可見一斑。

⬆ 首都博物館收藏的剃頭挑子

⬆ 孫中山剪辮易服照

⬆ 上海石庫門

⬆ 上海丹桂第一台 1

⬆ 上海丹桂第一台 2

這是一個全新的時代，人們的髮型、服飾和神情，無不流露出生機勃勃的風采。而在紫禁城，一批遺老遺少，仍然拖著長辮，生活在逝去的歲月裏。十年後，他們的主人退位皇帝溥儀卻拿起了剪刀，親手剪掉了自己的辮子，這一年他剛好十六歲。

一九一二年四月，一位留美學生經過十三天的旅行，回到北京，他就是顧維鈞。這位青年是應袁世凱的邀請，回國擔任總統府英文秘書，袁世凱此時終於接近權力的頂峰。顧維鈞在回憶錄中描述了初到北京時的印象，「北京有些令人失望，大多數人仍然梳著長辮，報紙上黃曆陽曆

北京國會街舊址 1-2

天津盛福錫帽店 1-2

並用,中國似乎正處於從舊體制進入新紀元的過渡階段」。在南京,孫中山信守承諾辭職,告別了總統府,將權力移交給新的臨時大總統袁世凱,此前,臨時參議院匆忙制定了《臨時約法》,企圖推動議會和內閣限制袁世凱的權力,顯然革命黨人對這位前大清帝國的總理大臣還是有所警惕。國家的政治中心,從南京轉移到北京,兩個月前它還是大清帝國的首都,而如今人們從清朝的臣子,變成了共和國的公民,一個新名詞在報紙上頻頻出現,那就是「政黨」。

在黨派林立的政壇,年僅三十歲的農林總長宋教仁,顯示出卓越的組織領導才能,這年春天,他隨著第一屆內閣來到北京,雄心勃勃地規劃共和國的未來,實現他的政治抱負。國會街成了北京的政治中心,當年臨時參議院就設在這裏,那時宋教仁與其他內閣成員,頻繁在此出入,向代表國民的議員們彙報工作,並接受諮詢。共和國似乎在有條不紊地運轉,幾個月後,總統袁世凱企圖操縱內閣,獨攬大權的野心逐步暴露,深感失望的宋教仁憤然辭職。

一九一二年八月二十五日,在宋教仁的主持下,同盟會聯合四個影響較大的政黨,組建國民黨,力圖通過政黨內閣限制袁世凱的權力。在成立大會上,發表《國民黨宣言》,公佈黨的宗旨是:鞏固

↑ 孫中山辭職前留影

↑ 溥儀剪辮照

↑ 北京正陽門火車站

↑ 中華民國臨時約法

↑ 顧維鈞

↑ 宋教仁

共和，實行平民政治。會後，宋教仁全力投入國會的競選活動。

從一九一三年一月開始，國會大選在各地舉行，這是中國第一次民主選舉，在長達一年多的馬拉松式選舉中，各政黨團體都希望通過這次選舉而參政，選舉結果，宋教仁領導的國民黨，以壓倒多數的票數大獲全勝，成為左右國會的多數黨。

中華民國的國歌就是由眾議員汪容寶改編，同盟會議員蕭友梅作曲的《青雲歌》，從歌聲中仍然可以感受到人們對共和國未來的憧憬。一九一三年四月八日上午十一時，青雲歌響起，第一屆國會開幕，但國會只存在了短短九個月。這首國歌，也只演奏了一次。

政局雖不平穩，共和國仍呈現日新月異的面貌，新事物吸引了大家的目光，一切那麼清新美好，充滿激情，從未有過的自由狀態令人欣喜。新文化以驚人的速度發展著，介入人們的視野，豐富人們的生活，現代文化的變革與影像、與報紙等媒體有密切的聯繫。從陌生到熟悉，從看西洋鏡到如魚得水，新文化逐漸走近人群，深入民心。

↑ 中華民國國歌

↑ 真相畫報

↑ 真相畫報刊登的武漢全圖 1-3

一九一二年創刊的《眞相畫報》，至今還在國家圖書館保存完好。作爲中國第一份攝影雜誌，它形象地記錄了民國初期的全新氣象。創刊號上有一張巨幅形式的寫眞圖，對武漢三鎭進行了全景式的展示。幾個月前，辛亥革命的槍聲，就是從這裏打響的。由於《眞相畫報》對現實的關注，吸引了大批讀者。一九一三年七月一日，同盟會成員四人辭職，畫報便在當日做了報導，抨擊專制的繪畫更是形象逼眞。

一九一二年八月二十五日，一場扣人心弦的飛行表演以悲劇而告終，人們對飛機的印象，是從這場空難開始的，這位勇敢的挑戰者，就是中國的飛行之父馮如，許多人正是通過眞相畫報，了解到事件的全過程。畫報記者用剛剛時興的相機，記錄了當年社會生活的各方面，包括江南農民的艱辛勞作；瑞雪中的上海的風光；廣東新女性的風采；北京盛大的國慶閱兵，等等。十天一期的畫報，傳遞著那個時代的風雲變幻。

在首都北京，複雜多變的政壇，吸引了一位記

↑ 史量才

者的敏銳目光，他就是報界名人黃遠聲，他犀利的文筆，尖銳的時評，無畏的聲音，代表了當時整個輿論界的自由與正義，這位中國新聞史上的先驅者，以大量充滿激情的時政報導，成爲當時民衆參與政治的重要代言人。早在一九一三年

⬆ 黃遠聲

⬆ 華僑飛行家馮如

二月，黃遠聲對當時的政治做出大膽預測，提醒人們，絕不能將國家的希望，寄託在袁世凱身上，顯示了輿論界不可替代的重要力量。

上海新建的解放日報大樓，與昔日的申報舊樓隔街相望，彷彿在無聲地訴說著中國百年報業的滄桑。一九一二年，史量才用十二萬元的巨款，購買了申報產權，這張被洋人控制了四十年的中文報紙，在史量才手中成爲中國人自由言論的輿論陣地。全新的版面設計，自負盈虧的運作方式，開闢了中國報刊業的新局

⬆ 真相畫報刊登的失敗的飛行表演 1-2

⬆ 申報大樓

⬆ 中華書局的中華小學教科書 1

⬆ 中華書局的中華小學教科書 2

⬆ 上海先施百貨公司

⬆ 商務印書館的最新初小國文教
科書 1-4

⬆ 天津塘沽鹽廠鹽灘

面。民國初年，輿論一時開放，成為社會前進的巨大推動力。當年上海望平街，報館林立，每天清晨，幾百名報販聚集在這裏，嘈雜之聲不絕於耳。現在的福州街，清晨依然排滿了運送報紙的車輛，只不過運載方式，從人拉肩扛，變成了郵政汽車。

　　上海河南中路上有一座建築很有意思，當年樓下是商務印書館的門市部，樓上是中華書局的編輯部，兩家毗鄰而居，卻曾經是競爭對手。商務印書館成立於一八九七年，剛開始只印製一些名片帳冊之類的小東西。一九○二年清政府實行新政時，它抓住時機，出版了最新初小國文教科書，各方學校競相爭購，銷量高達百餘萬冊，獲得了很大的利潤。原商務印書館出版部部長陸費逵認識到，辛亥革命後，教科書必然會改變內容，而商務在這方面的準備不足，於是籌組中華書局，並自任經理，不久中華小學教科書出版，書中印有五色國旗，與民國政府一致，很受讀者歡迎。針對這種情況，商務印書館的老闆夏瑞芳急中生智，趕在秋季開學前，集中力量編輯出版了全套共和國教科書，以此與中華書局相抗衡。

　　傳統生活方式受到挑戰，新鮮的玩意層出不窮，上海無疑走在時代的前沿，濃重的商業文化氣息使一切都具有可能，人們也樂於接受變化，百貨商店的概念始於此地。一九一二年，華僑黃煥南變賣了在澳洲的產業，攜款回國，他曾兩次到上海實地調查，經過觀察，他發現在南京路和浙江路的交叉口靠北邊一側行人最多，小攤販生意最好，於是決定在這裏興建大樓。五層高的先施公司大樓一經落成，便轟動上海，這是國人第

>>> 歷·史·典·故 >>>

【康有為的好脾氣】
　　康有為早年面目黧黑，對弟子、下人態度嚴肅，呵責起人來很不講情面。戊戌政變後，他脾氣大變，對人和藹且寬厚有加。有一天深夜，他與弟子談事，讓僕人泡茶，不想，好久不見僕人來。康有為親自去看，見僕人正蒙頭大睡，他卻面色和悅地招呼道：「叫你泡茶，為什麼睡著了？」毫無責備之意。他曾說，當年譚嗣同、林曦雖入軍機，但面貌、氣度毫無功臣的樣子；而唐才常又特喜歡回頭回腦，像在等待臨刑一般，所以，這些人都沒得好死。而康廣仁對僕人太苛嚴，本來已經逃離南海館，卻被僕人出賣而喪命。這些，無疑影響了康有為。

⬆ 煙臺張裕葡萄酒公司

⬆ 河南安陽的袁世凱故居

⬆ 張裕公司在巴拿馬萬國商品博覽會
獲得的金質獎章

⬆ 一九一一年五月的《東方雜誌》上
的袁世凱

⬆ 范旭東

⬆ 黃煥南

⬆ 張弼士

一家自建的大樓商店。黃煥南認爲，先施公司應該有自己的經營特色，他一反當時流行的討價還價之風，把全部商品明碼標價，黃煥南還親自擬定了兩句著名的廣告語：「始創不二價，統辦全球貨」。

「民以食爲天」是中國人的古訓，而鹽商一向是暴利的代名詞，民國的到來，改變了這種觀念。一九一二年春，在日本學習化工的范旭東，得知辛亥革命成功，匆匆告別日本京都帝國大學回到北京，爲報效祖國，兩年後，他辭去公職到天津籌辦久大鹽業公司。那時的塘沽鹽灘，還沒有機器製鹽，只是一座漁村。范旭東卻幽默地稱之爲「中國化工的耶路撒冷」。在一間漁村的土屋裏，范旭東住了下來，開始進行實驗，終於生產出雪白的精鹽，他將自己的產品取名「海王星」，

⬆ 小站練兵時的袁世凱（中間站立者）

⬆ 直隸總督時的袁世凱（中）

⬆ 就任大總統時的袁世凱

不久他又創辦了永利鹼廠，很快，紅三角牌純鹼就名揚海外。

　　同治末年，一位叫張弼士的南洋僑商，偶然記住了一位法國外交官的話「中國的煙臺一帶，極宜種植葡萄，可以釀上等葡萄酒」。二十多年後，張弼士眞的來到了煙臺，在這裏建起了張裕葡萄酒公司。一九〇五年大酒窖經三次改建成功，其規模和速度，令當時的法國人都驚訝不已。一九一五年，張弼士帶著張裕紅白葡萄酒，參加巴拿馬的萬國商品博覽會，並首次在國際上獲獎，從此張裕公司將金質獎章印在白蘭地的包裝上，稱爲「金獎白蘭地」。

　　一百年過去了，中國的變化使我們想起了孫中山先生在一九一二年說的一段話：「中國正處在大規模的工業發展前夜，再過五十年，我們將有許多上海。」夢想升騰在許多中國人心中，智慧與熱情支持著他們重建家園的計劃。而時代的道路並不平坦，民國未如想像中帶來長期的安寧與幸福，袁世凱充當了其中一個重要角色，攪動起政治大潮。

⬆ 北上的孫中山

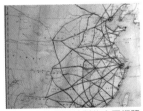

⬆ 北京外交部街

孫中山親手繪製的全國鐵路
規劃圖

\<6\> 迎來了一位新皇帝

一九一一年，賦閒在家的袁世凱，專門請來了天津照相館的攝影師，拍攝了一幅照片，送到上海《東方雜誌》上發表，照片似乎向世人傳達了這樣一個信息，袁世凱已從此隱居，退出政壇。袁世凱選擇了緊臨京漢鐵路的環山村，建造

⬆ 黃興

⬆ 隆裕太后的葬禮

⬆ 孫中山在日本

了佔地二百畝的巨大宅院，這裏晝夜都能聽到火車的汽笛，他時刻關注著京漢線上傳來的消息。

一八八二年，年僅二十三歲的袁世凱隨軍出使朝鮮，甲午戰爭後他回國接管了天津小站的新軍，親手訓練出中國第一支近代化的新式陸軍。戊戌變法時，袁世凱成為左右局勢的關鍵人物。清末十年，袁世凱是繼李鴻章之後，慈禧太后最為倚重

⬆ 上海北火車站

↑ 《申報》關於宋教仁遇刺的報導

↑ 宋教仁的葬禮

↑ 一九一五年十月二十五日，宋慶齡與孫中山在日本東京結婚，這是結婚後的合影

的大臣，在慈禧死後，袁世凱被罷官退歸故里。

一九一一年，武昌起義爆發的時候，正值袁世凱五十二歲壽辰，消息傳來，他似乎預感到了什麼，三天後，清廷重新啓用他的詔書，送到了養壽園。袁世凱成了萬人注目的焦點，垂死的王朝和新生的共和國，都把未來的希望寄託在他身上。隆裕太后任命袁世凱爲全權總理大臣，並不惜讓皇帝的生父攝政王載灃交出權力，而革命黨人也向袁示意，如果他贊成共和，大總統的位置將非他莫屬。

袁世凱選擇了

↑ 李烈鈞

共和。

　　清帝退位後，孫中山履行承諾向議會辭職，但他堅持，袁世凱必須南下就職，這是出於一種警戒。一九一二年二月十八日，迎接袁世凱南下的使團來到北京，袁世凱對他們熱情款待。但不久，由於嫡系部隊在北京嘩變，袁世凱以北方不穩為由，拒絕南下，革命黨人拒絕妥協，而袁世凱在北京宣誓就職。辭去總統四個月的孫中山，接受袁世凱的邀請，到北京商討國事，北京準備了隆重的歡迎儀式，二十四日下午，孫中山一行抵達北京站，袁世凱用自己的朱漆金輪馬車，將孫中山接到外交部街迎賓樓。

　　孫中山和袁世凱，就國事先後會談達十三次之多。兩位風雲人物的高峰會談，舉國關注，孫中山

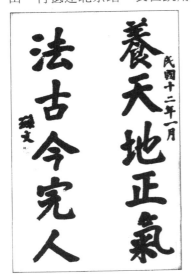

↑ 孫中山手書對聯

↑ 袁世凱通緝黃興、孫中山的訓令

↑ 江蘇南通大生紗廠

↑ 祭孔典禮 1

↑ 祭孔典禮 2

↑ 天津梁啓超故居

↑ 梁啓超

↑ 大中華雜誌 1

↑ 大中華雜誌 2

在接受記者採訪時表示，最後非袁公莫屬。此後孫中山欣然接受袁世凱的委任，專心籌劃全國鐵路建設，這一時期，人們注意到，孫

↑ 楊度

中山正在實現他辭職演說中捨去政治，專心實業的理想。在孫中山的一再催促下，曾對袁世凱抱懷疑態度的黃興也趕到了北京，與袁世凱會面後，黃興稱讚袁世凱是今日第一人物。此後，他履行了對袁世凱的諾言，解散了南方的幾十萬軍隊。

孫中山、黃興這兩位中華民國的開國元勳沒有想到，一年之後，他們不得不再次拿起武器。

↑ 袁世凱登基

↑ 袁世凱的玉璽

一九一三年元旦，是民國成立後的第一個公立節日。北京洋溢著清新歡樂的氣氛，袁世凱在官邸用西方酒會的形式，宴請各國大使。

這年二月，隆裕

太后病逝，袁世凱爲這位末代皇太后舉行了隆重的葬禮，顯示出對待退位皇室的寬厚。與此同時，孫中山請示袁世凱後，赴日本考察鐵路及工商業狀況，他沒有料到，一個月後，國內一件突發事件打斷了他的行程。

三月二十日晚十點四十五分，上海北火車站的檢票口突然傳出三聲槍響，國民黨領袖宋教仁中彈倒下。兩個月前，宋教仁從長沙出發，開始了競選宣傳活動，和孫中山、黃興等國民黨領袖不同的是，年僅三十一歲的宋教仁顯示出更加倔強的政治進取精神。在他看來，革命雖然成功，但政治革命的目的還沒有達到。他在南方四處演講，號召國民黨人組建責任內閣，限制總統的權力。兩個月後，國民黨在國會選舉中獲勝。深感憂慮的袁世凱，催促宋教仁返回北京，共商國事。

宋教仁遇刺，是剛滿十五個月的中華民國最觸目驚心的事件，使風雨欲來的局勢迅速惡化。在垂危之際，宋教仁仍然對袁世凱心存希望，他請黃興代筆，希望大總統竭力保障民權。兩天後，宋教仁不治身亡。在黃興的提議下，拍攝了一張裸露傷口的遺照以記錄這個悲愴的歷史性事件，「出師未捷身先死，常使英雄淚滿襟」。

宋案的直接指使人應夔城、兇手武士英，在案發第三天就被抓獲，從搜獲的多份密電中，人們發現，袁世凱的政府總理趙秉鈞，與案件有直接牽連。在後來不到一年的時間裏，這三人都相繼暴死，使案件變得更加撲朔迷離。上海的國民黨人把宋案的證據，通電全國，輿論矛頭指向袁世凱。宋教仁一案，成爲民國初年最著名的政治謀殺案。

孫中山迅速從日本回到上海，商量宋案的解決辦法。當國民黨內部正在爭論是否武力反袁的時候，袁世凱的北洋軍，已經提前集結完畢。

七月十三日，李烈鈞按照孫中山的旨意，在九江誓師討袁，二

↑ 蔡鍔

次革命爆發，一些省紛紛回應。一時間，反袁聲勢愈演愈烈，二次革命是民國成立後的第一次南北戰爭。由於倉促起義，在不到兩個月的時間裏，起義軍很快被裝備精良的北洋軍所剿滅。

民國的開國元勳，成了被通緝的罪犯。與清政府懸賞五千元的告示相比，此時，黃興的懸賞金額增加到十萬元，革命領袖不得不再次流亡海外。這種對照，充滿悲愴與諷刺，時局變化快得令人回不過神來，歷史往往開著這樣殘酷的玩笑。

這年十月十日，中華民國兩周年國慶，袁世凱宣誓就任正式大總統。令人回味的是，就職地點選在紫禁城太和殿，儀式與當年清朝皇帝的登基幾乎一模一樣。

一九一四年，當膠州灣籠罩在戰火之中的時候，東海之濱的南通城卻是一片和平景象，大生集團的紡織機，日夜轟鳴，產品供不應求。第一次世界大戰，迫使歐美各國，減少了產品出口，為中國的工廠主們提供了發展機遇，幾年間在農商部註冊的公司，數量大增。大生紗廠的老闆張謇，在北京擔任工商總長。在此期間，北京政府模仿西方的法律制度，連續發布了多項法令，內容涉及許多領域。

在這些以袁大總統名義頒布的眾多法令中，《尊孔令》顯得與其他新式法令極不相稱。一九一四年九月二十八日，北京孔廟出現了龐大的祭祀隊伍，不輕易出宮門的袁世凱，親自主持了隆重的祭孔典禮，他自始至

終不知疲倦，跪拜從容。三個月後，袁世凱又穿上同一套衣冠，出現在北京天壇。身為民國大總統的他，頂禮膜拜，甚至超過了清朝皇帝祭天時的虔誠，此後，袁世凱就再也沒有離開過高牆大院的中南海。

形勢急轉直下，在以後不到兩年的時間裏，袁世凱逐一解散了國民黨和國會，一九一五年元旦出臺的《總統選舉法》規定總統不僅可以終身連任，而且有權指定自己的繼承人。此時任司法總長的梁啓超開始預感到，復辟帝制只是時間問題了。這位當年的立憲派領袖，早已成為共和政體的擁護者，他辭去在袁世凱政府中的職位，移居天津，隨後他致書袁世凱，懇請他懸崖勒馬。沒想到這封信，險些讓他遭受殺身之禍，四處躲避袁世凱追殺的梁啓超，住進天津日租界，八月初他讀到一篇鼓吹中國實行君主立憲的文章，作者是美國著名的政治學家、袁世凱的憲法顧問古德諾。一直暗中鼓吹帝制的楊度等人，在北京組織籌安會，討論改變國體問題，公開進行復辟帝制的活動。八月二十日，梁啓超在天津寫下了《異哉，所謂國體問題者》一文，公開發表在自己主辦的大中華雜誌上，文章氣勢磅礴，力斥復辟，京津各報紛紛轉載，傳誦一時。事先聽到風聲的袁世凱，曾派人送去二十萬元，請梁啓超不要發表這篇文章，梁啓超斷然拒絕。袁世凱改稱帝制的傳言，使紫禁城裏前清遺老們，惶恐不安，他們商量，一旦袁大總統稱帝，便主動讓出故宮，遷往頤和園。

一九一五年十二月十二日，袁世凱通電全國，正式宣布接受帝位。推翻帝制實現共和四年後，中國又迎來了一位新皇帝。

人們瞠目結舌，看著這一幕鬧劇，而鬧劇的主人翁深陷泥沼中不能自拔。

<7> 多事之秋

↑ 袁世凱葬禮

↑ 河南安陽袁世凱墓

↑ 袁世凱指定的繼承人名單

↑ 北洋軍

↑ 督軍團合影

中國在既有總統又有皇帝的怪異中，迎來了一九一六年。這年是中國傳統農曆的龍年，袁世凱在這年的第一天正式登基，年號洪憲，年號中的洪字，後來被一拆為二，被人諷刺為半是前清半共和。

這一天京城的百姓，並沒有看到皇帝的登基大典，街頭巷議議論更多的是剛剛開通的環城鐵路。

同一天，昆明景象激動人心，這裏成為了武裝討袁的策源地，大街小巷懸掛中華民國的五色旗，軍民結隊遊行，慶祝護國軍政府成立。

↑ 雲南護國軍石刻

↑ 雲南護國軍政府舊址

↑ 青年時期的蔡鍔

↑ 護國軍

↑ 黃興

↑ 段祺瑞

↑ 張勳

↑ 蔡鍔

↑ 十二歲的溥儀

↑ 北京國子監孔廟

↑ 冠生園

策劃這次起義的是一位富有傳奇色彩的將軍——蔡鍔。既帶著浪漫的傳說，又具勇毅精神，他給人以這樣的印象。實際上，他是富有經驗的早期革命者，軍隊的出色指揮者，戎馬一生，長期領軍作戰。

蔡鍔曾經是袁世凱的支持者，一九一四年，他放棄雲南的兵權到北京，協助袁世凱處理軍務，希望實現軍事改革。然而袁世凱緊鑼密鼓的稱帝計劃，使蔡鍔如夢方醒，他悄悄來到天津，與反對稱帝的老師梁啓超商議，決定武裝反袁。據說蔡鍔得到風塵俠女小鳳仙的幫助，突然在北京消失，擺脫了袁世凱的監視，繞道越南，秘密回到昆明。十二月二十五日，雲南宣布獨立，蔡鍔率領護國軍，北上討伐袁世凱，被稱為擁護共和的偉大聖戰，正式拉開序幕。棉花坡是入川的必經之路，一九一六年三月，護國軍在這裏受阻，第三支隊隊長朱德率軍增援，這次戰役，使他成為滇軍名將，十四年後，朱德成為中國工農紅軍的總司令。

不久，貴州、廣西、廣東，先後宣布獨立，反袁聲勢迅速壯大。

袁世凱把最後的希望，寄託在國際支持，但是英國公使朱爾典帶來的消息卻是，各國都

⬆ 民國初年清朝部分遺老在北京合影

⬆ 孫中山與宋慶齡的結婚照

⬆ 孫中山與宋慶齡的結婚誓約書

⬆ 在湖南師範學校讀書時期的毛澤東

⬆ 《明恥》

不贊成帝制，無奈之下，袁世凱下令，全國各機關對外仍稱民國，對內才叫洪憲，一時出現紀年混亂，帝國與民國並存的荒唐景象。

袁世凱最恐懼的一幕出現了，當時坐鎮南京的馮國璋等五名北洋大將，聯名請求取消帝制，以安人心。北洋嫡系的背叛，使袁世凱稱帝的夢想徹底破滅了，大勢已去的袁世凱，宣布取消帝制，持續了八十三天的皇帝夢宣告破滅。

皇帝的鬧劇雖然匆

⬆ 陳獨秀

⬆ 陳獨秀故居

⬆ 陳獨秀之墓

⬆ 上海《新青年》編輯部舊址 1

匆收場，而擴軍和籌辦帝制，耗資巨大，使中國、交通等兩大銀行難以爲繼，五月十三日，兩大銀行停止兌換現金，一時間擠兌風潮驟起，人們放棄了對政府的最後一絲幻想。

有一座中西合璧的墓地，可以和皇家園林相媲美，它的主人就是曾做過八十三天皇帝的袁世凱。一九一六年六月六日，袁世凱憂憤而死。南方的反袁勢力，最終與北京政府達成和平諒解，雖然反袁的人們，要追究袁世凱背叛共和的罪責，但北洋政府卻以國葬之禮，厚葬了自己的主人。

袁世凱作爲竊國大盜而留名青史，而他身分的多重性往往被人忽略：詭譎多謀的政治家，手握重兵的軍閥，變法的告密人，清國末路的催命符，背叛共和的獨裁者。時代複雜的背景投射在他身上，使之角色多樣、性格混合，而千古罵名壓倒一切，抹煞了他曾有的敏銳觀察力與治兵才略。以情感傾向論之，自是千夫所指，但他以及周圍緊密聯繫的網路，無疑是百年歷史中一個重要的關節。歷史轉折關頭，作爲一個重要的歷史人物，同時也是一種歷史現象，不能單以忠奸善惡品評，袁世凱正是這樣一個意義多重、可供仔細解讀的模本。

袁世凱死去的第二天，人們打開藏在中南海密室裏的嘉禾金簡，在袁世凱親筆寫下的繼承人名單上，副總統黎元洪成爲總統的第一人選。

袁世凱死後，他的北洋軍仍然是中國最強大的武裝。這支軍隊是從天津郊外的小站起步的，那些沿用至今的地名，還殘留著當年練兵的痕跡。當時的小站官兵，拿著最新式的武器，操練著德國式兵操。二十年以後，這支軍隊牢牢控制了中國北方，並擴展到長江流域。

龍旗下的那些年輕軍官，民國時期，先後出了兩個總統，三個總理，十個陸軍總長。袁世凱死後，他們聯合起來，組成都軍團，

控制了北方的政局。

這年深秋，黃興在上海去世，終年三十七歲。

一周後，年僅三十四歲的蔡鍔病逝。

共和棟樑英年早逝，國人痛惜之餘，也爲國家的命運深感擔憂。

一九一七年，第一次世界大戰進入第四個年頭，更多的國家捲進戰爭。德國潛艇襲擊所有路過的商船，導致美國向德國宣戰。美國政府勸說中國政府，也採取同樣的行動，條件是可以暫時停止交付庚子賠款。中國終於被捲進了戰爭的漩渦，主張參戰的國務總理段祺瑞，與力主繼續中立的大總統黎元洪矛盾激化，黎元洪請求安徽督軍張勳前來調停。六月九日，四千多名拖著辮子的士兵進入北京。這位被稱爲辮帥的張勳，終於等到了效忠清廷的機會。七月一日凌晨，十二歲的溥儀出現在養心殿上，召見百官，發布復辟通告，宣布共和國已經解體。遺老遺少們粉墨登場，北京又回到了大清帝國的年代。這是一年之內，北京出現的第二次帝制。

段祺瑞在天津誓師討張，炮聲一響，辮軍就掛出白旗投降，這場復辟鬧劇，就這樣草草收場。段祺瑞再次出任總理後的第一件事，就是對德宣戰，但拒絕恢復國會和臨時約法。爲此，他從日本取得大量

借款用於擴充軍隊。一九一七年七月，一千六百多名華工開赴法國，幫助盟軍作戰，而段祺瑞的士兵，並沒有投入遙遠的歐洲戰場，而是開赴湖南。從此中國陷入連綿十幾年的內戰之中。

　　共和並未帶來長久的安寧，軍閥興起，各據一方，百姓的生活依然困苦，觀念的徹底掃清還需一場暴風雨。民國成立後的第三年，北京孔廟的香火忽然興旺起來，晚清帝國的崩潰，造成了巨大的精神空白。孔子作爲封建時代的帝王先師，成爲許多人的精神寄託，還有很多人在無望中，燒香拜佛乞求神靈保佑，精神的空虛，使許多腐朽之物沉渣泛起。清末明初，鴉片煙仍然在中國的許多角落裏，悄悄流行著。一九一五年復古的逆流，瀰漫整個中國。在紫禁城裏，仍然保留著最後一代君主，以及全套的帝王禮儀，一些遺老遺少伺機而動，企圖恢復大清祖業。溥儀後來回憶說，到民國三年就有人稱這年爲復辟年了。這一年五十七歲的康有爲創辦《不忍》雜誌，大肆宣揚尊孔思想。

　　暮氣沉沉的中國，急需一次思想的啓蒙和洗禮。

　　一九一五年五月，第二屆遠東運動會在上海舉行，中國隊獲得七項冠軍，並獲總分第一名。被稱爲東亞病夫的中國人，在中國青年人的身上，第一次顯得生氣勃勃，揚眉吐氣。

　　在歐洲，第一次世界大戰進入第二年，戰爭的硝煙暫時擋住歐洲列強虎視中國的目光，中國的民族資本主義進入平穩發展的黃金時代。在上海，一九一五年，幾家著名的公司開始籌建，這一年，近代中國最大的民營棉紡織業—— 申興紡織公司開業，永安公司大樓在南京路破土動工，人人矚目。當年繁華的商業街，現在仍是上海最熱鬧的地方。在老城廂九畝地，「冠生園」以五百元的資本開始創業，日後它成爲上海灘有名的金字招牌。

　　二次革命失敗後，孫中山流亡日本，開始致力於中華革命黨的組建工作，繼續進行反袁革命活動。一九一五年十月二十五日，孫

中山與他的秘書宋慶齡，在日本東京舉行了婚禮。儘管這椿婚事，遭到了宋慶齡父母的一致反對，但卻受到很多人的歡呼和讚美，他們把孫宋結合看作是反對舊禮教，破除舊習俗，追求個性解放的象徵。

↑ 上海《新青年》編輯部舊址 2

↑ 《新青年》上的《駁康有為致總統總理書》

↑ 任北大校長時的蔡元培

↑ 浙江紹興古越藏書樓

這一年中國和日本的關係，成為國人關注的焦點，為了取得財政與軍事支援，袁世凱竟在日本提出的「二十一條」上簽字，激起中國人民的憤怒。當時正在湖南師範學校讀書的毛澤東編印了《民恥》，並在封面上寫了這樣一段題詞：「五月七日民國奇恥，何以報仇，在我學子。」救亡啟蒙的希望，落在了一代中國青年身上。

<8> 新青年的中國

這年六月，一位中年人從日本回到上海，為了喚醒民眾，他選擇了一份雜誌，這個人就是陳獨秀。

一八七九年安慶市北關，一個嬰兒在這裏出生，他就是陳獨秀。當年安慶是長江沿岸的重要城市，陳獨秀在這裏度過了他的少年時代。和傳統的知識份子一樣，陳獨秀的啟蒙教育，是從四書五經開始的。祖父在他身上花費了大量心血，但僵化的教育方式，

⬆ 浙江紹興蔡元培故居

⬆ 北京大學舊址

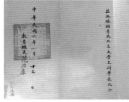

⬆ 聘任陳獨秀為北京大學文科學長的委任狀

⬆ 北大排課表及授課教師

常常使陳獨秀與嚴厲的祖父作對，但他又不得不屈服於母親的眼淚，陳獨秀後來在自傳中回憶過早年的經歷。一八九六年，十七歲的陳獨秀考取秀才，一年後卻在南京參加鄉試時落榜。一九○○年，二十一歲的陳獨秀離開家鄉來到上海，從那年到他死後歸葬故鄉，四十七年間，陳獨秀再也沒有回來過。

一九○一年，陳獨秀東渡日本，那時的日本是維新運動的大本營。在那裏，陳獨秀開始接觸西方民主思想。

一九一五年六月，陳獨秀從日本回國，其後的三個月，陳獨秀到處奔走，實現一個當時看來非常簡單的理想──辦雜誌。

一九一五年九月十五日，第一期雜誌在上海順利誕生，陳獨秀給它取名《青年雜誌》。一年後，他在「青年」前面加了一個「新」字。從此，《新青年》雜誌橫空出世，迅速成爲思想界的一個重鎮。民主和科學，成爲陳獨秀的思想武器，後來這兩個詞，被稱爲德先生（democracy）和賽先生（science），成爲其後十幾年使用頻率最高的兩個詞。在湖南，《新青年》成爲青年毛澤東的必讀書，當時他正在省立第一師範讀書。後來他回憶說，「《新青年》上我很欣賞陳獨秀和胡適的文章，他們一度取代了梁啓超和康有爲，成爲我效仿的榜樣」。在四川，時任救國軍旅長的朱德，在朋友那裏讀到思想激進的《新青年》，不久，他毅然拋棄了月薪二千大洋的優裕生活，決定出國尋求真理。

↑ 辜鴻銘　　↑ 胡　適

《新青年》成為許多青年人汲取營養的理論陣地，在德先生和賽先生的大旗下，傳統倫理的代表儒家思想成為新青年的攻擊目標。

兩千年來，幾乎沒有人對孔子的地位提出質疑，而《新青年》則把批判的矛頭，尖銳地指向孔子學說。在吳宓、胡適、魯迅等人的推動下，激烈的反傳統啓蒙運動，在社會上引起強烈迴響。

一九一六年冬，陳獨秀來到北京籌款，此前已經出版了六期《新青年》，引起了北京思想界的注意。正在醞釀北京大學改革的蔡元培，找到了陳獨秀，在當年一間簡陋的小旅社裏，兩人第一次見面，這是一次歷史性的握手，一所大學，一個刊物，他們的結合將培育一場影響深遠的文化思想運動。

一九一七年的元月四號，大雪紛飛，北京大學迎接了他們的新校長蔡元培，許多老北大的校工還清晰記得，蔡元培初進北大的情景，當他們向校長鞠躬行禮時，蔡元培同樣脫下禮帽，鄭重地向校工們鞠躬回禮。一周前北大的師生們就知道了這一消息，人們紛紛猜測，這位翰林院出身的新校長，會給北京大學帶來什麼呢？

↑ 《文學改良芻議》

↑ 《民國日報》上刊登的林琴南《論古文之不宜廢》

在故鄉，蔡元培完成了嚴格的儒家正統教育，在藏書樓，十八歲的蔡元培博覽十多萬卷藏書，此後的十幾年間，他中進士，點翰林，二十六歲的時候，便躋身封建知識份子的最高層。戊戌政變後，他加入留日學生

↑ 林 紓

↑ 錢玄同

↑ 劉半農

↑ 北京箭桿胡同二十號《新青年》編輯部舊址

↑ 北京大學舊址紅樓

↑ 魯迅對劉半農評價的手書

↑ 北京中山公園裏的「公理戰勝坊」

組織的暗殺團，秘密研製炸彈，從事反清活動，不久他又組織成立光復會。一九〇五年，他加入孫中山組織的同盟會，成爲雙料的革命黨人，名列民國四老。一九〇七年，已近不惑之年的蔡元培，赴德國半工半讀。民國後，作爲第一任教育總長，他是孫中山臨時政府的內閣成員。但所有這一切，比起他出任北京大學校長期間的輝煌，似乎都顯得黯然失色了。這是蔡元培第二次走進北大，第一次是民國成立後，參加京師大學堂改稱北京大學後的開學典禮，當時他是民國教育總長。

大學堂的舊址，位於現在的景山東街，當時的北大，是一種典型的衙門作風，教師中有些本來就是北洋政府的官僚，不學無術，或思想保守者大有人在，而學生中也不乏帶丁差，打麻將，吃花酒，捧名角，唯獨對讀書不感興趣之人，師生逛妓院更是常有的事。蔡元培入北大時，狀況並沒有徹底的

↑ 魯迅

改觀。

蔡元培進北大，是經過深思熟慮的。上任的第九天，他任命陳獨秀爲文科學長，在後來的任命書上我們看到，《新青年》的撰稿人陸續雲集北大。而對一些具有極端保守思想的飽學之士，蔡元培也並不排斥，古怪

↑ 徐世昌

的辜鴻銘仍然拖著他的長辮子，出現在講臺上。在保留至今的排課表上，我們能找到許多熟悉的名字，這是北京大學最優秀的教師陣營，新思想的傳播者、傳統國學的維護者，濟濟一堂。思想的交鋒，學術的交流，迸發出璀璨的理性光輝。

此情此景，令學人嚮往，很容易聯想到春秋戰國時代，百家爭鳴，光芒灼灼，文化空前興盛，自由寬容使一切奇思妙想得到發展的可能。於是，有人將二十世紀初的這場盛會，對照千年前的榮耀，稱之爲文化復興運動。其實，不僅有自由與想像的復活，還有新思想的興起。

↑ 北京中華門外遊行的女學生及小學生

↑ 章宗祥簽字同意山東問題的換文

↑ 北京大學宿舍舊址

↑ 許德珩

蔡元培，一位卓越的大學校長，正是他和他的大學開創了一個空前輝煌的時代。一種平等自由的精神魅力，使青年學生深受感染，以羅家倫、傅斯年爲代表的一批學生，紛紛出版刊物，以各種形式表達自己的觀點，北大成爲當時中國最爲活躍的思想空間。按照思想自由原則，相容並包主義的改革

↑ 傅斯年

↑ 羅家倫

方針，蔡元培在極短的時間內，將這所半衙門機構變成名副其實的中國最高學府。

這種現代大學的精神和風骨，成爲二十世紀的珍貴遺產，必將傳之久遠。學人的清遠之氣，影響到整個思想界，不僅是個人性的，而且是群體性的。

大學體制在改變，同時，思想界的論爭首先從文學界發難。

一九一七年二月一日，《新青年》上發表了一首白話詩，初名《朋友》，後改爲《蝴蝶》：「兩個黃蝴蝶，雙雙飛上天。不知爲什麼，一個忽飛還。剩下那一個，孤單怪可憐；也無心上天，天上太孤單。」如此淺白直露的詩歌，今天看來已經非常幼稚，但在八十多年前，卻是有著革命性的意義。它的作者是年輕的留美學生胡適。在留學美國的幾年裏，胡適與同學們討論的主要問題，就是中國文字的改革。這時間，剛剛創辦不久的《新青年》，也正在討論這個問題。胡適給編輯部寫信商討，陳獨秀極爲熱情地回了信，大洋兩岸，兩位思想的先驅，開始了觸動中國傳統文化根基的最初探索。在陳獨秀的鼓動下，一篇《文學改良芻議》的文章，在《新青年》上發表，後來這篇文章被認爲是中國文學革命的第一聲進軍號角。一個月後，主編陳獨秀在《新青年》上發表《文學革命論》，打出了文學革命軍的大旗。一場以文學和文字爲突破口的新文化運動，拉開了序幕。一個星期後，曾在京師大學堂任教的林杼，在《民國日報》上發表文章，強烈反對廢除古文，這是一場傳統與現代之間的思想交鋒。

作爲北京大學著名的文字學家，錢玄同加入新青年陣營，文學革命的聲勢更加壯大，他連續寫信致陳獨秀，猛烈抨擊中國舊文學。

一九一七年春季以後，這場文學革命的討論，繼續以書信和論文的形式進行。一批北大青年學生，如傅斯年、羅家倫等熱情讚譽，影響迅速擴大。

一九一八年一月，由北大六名教授編的《新青年》，開始採用白話文刊寫，白話後來被稱爲國語，這是一九一六年回國的學生所使用的一個名詞。

隨著新派知識份子在北京大學的聚集，新文化運動的規模也越來越大了。在將近一年的時間裏，幾乎沒有反對派的聲音，爲了引起社會的注意，擴大新舊文化的爭論，錢玄同和劉半農共同在《新青年》上演出了一齣精采的雙簧戲：他倆先由錢玄同化名王靜宣寫作《文學革命之迴響》，對文學革命表示反對，而後劉半農則寫文章一一批駁，一來二往，新舊文學的爭論顯得熱鬧非凡。

後來魯迅稱讚劉半農是新青年裏的一個戰士，活潑、勇敢，善打硬仗。在短短的兩年內，《新青年》從一本學界同仁刊物，迅速擴大爲一個有廣泛作者隊伍的思想刊物，吸引了大批當時思想界活躍的青年。一九一八年，被看作是新文學誕生的一年，一年前住在紹興會館的魯迅每天下午四點鐘接待的客人是錢玄同，在錢玄同的極力勸勉下，魯迅也加入《新青年》編輯的行列。一九一八年五月，魯迅的《狂人日記》發表，這是中國第一篇白話文小說。

新舊思想的交鋒，圍繞在北大和《新青年》周圍蓬勃展開，理性的光輝，使一代青年走向成熟，他們將成爲這個世紀的主人。

國內思想界在翻天覆地，新文化運動氣勢如虹，不斷攻佔進步青年的頭腦；國外，一九一八年多季，第一次世界大戰進入最後的階段，這場綿延四年之久的戰爭，將徹底改變整個世界的歷史。

這年十一月十一日，大戰以協約國的勝利而告終，消息傳到中國，人們用「公理戰勝」四個字來形容這場勝利，這勝利畢竟也滲透了中國人的血汗。在北京的東單，人們把「公理戰勝」四個字，

刻在了牌坊上。人們沒有意識到，西方紳士般的「公理」，不會落到東方土地上，國力貧弱的中國，並無資格與強國共分一杯羹。

十一月十八日，在紫禁城太和殿廣場，剛剛上任一個多月的民國總統徐世昌舉行了盛大的閱兵儀式，作為戰勝國成員之一的國家代表，徐大總統躊躇滿志，人們沉浸在公理戰勝的喜悅之中。六萬多人走上北京街頭，夜晚，北京大學的學生進行提燈大遊行，和平之光籠罩著中國。大戰的四年，西方列強無暇顧及遠東，中國的民族經濟，得到了難得的發展機遇。在此後的半年中，徐世昌下令對南方革命軍停戰，努力調和南北之間的矛盾，同時放鬆對文化界的壓制，使正在進行中的新文化運動，得以在一個比較寬鬆的環境下蓬勃展開。

\<9\> 學潮新聲

但現實很快就讓所有中國人幻想破滅了。在一九一九年一月十八日召開的巴黎和會上，英法等國代表不顧中國政府的一再要求，將德國在山東的一切特權全部轉讓給日本，並把它寫入《合約草案》。人們新從西方學來的「公理」只能落空，帶來更大的恥辱，談判桌前，中國代表極為難堪，無力回天。

一九一九年五月一日，《中國時報》刊登了中國代表團發自巴黎的報告，宣告了中國在巴黎和會上全面失敗的情況。這一消息，使全體中國人感到震驚。五月二日，北京大學二千多名學生，舉行集會抗

↑ 《晨報》關於五四運動的報導

⬆ 五四運動 1-9

議，三日，北京各界紛紛集會，討論山東問題。這天下午，一輛疾駛而來的馬車停在蔡元培家門口，車上下來的人，是當時外交委員會委員長汪大信。在客廳裏，汪大信告訴蔡元培，國務院已發出密電，命令代表團在和約上簽字。蔡元培已經預感到，如果合約生效，國家前途將不堪設想。蔡元培隨即召集許德珩、傅斯年、羅家倫等學生在北京大學西宅開會，向學生通告密電的內容，並決定五月三日晚，在北京大學的三院禮堂，召開全體學生大會。當晚，北京大學全體學生和北京十二所其他學校代表，齊集三院禮堂，會場上氣氛悲壯。北京大學法科學生謝少民當場撕下衣襟血書，寫下「還我青島」四個大字，全場為之動容。會議決定，五月四日舉行國恥大遊行。

⬆ 南京金陵女子大學的學生聲援北京學生

⬆ 曹汝霖住宅

⬆ 曹汝霖住宅廢墟

⬆ 顧維鈞

⬆ 北洋軍警逮捕學生

⬆ 曹、章、陸免職令發表過程

⬆ 巴黎和會會場

一九一九年五月四日，星期天，北京城顯得平平靜靜，在魯迅的日記裏，這樣描述了當時的天氣，沒有人預料到，平靜中一場大風暴，已經來臨。這是一個注定要被歷史記住的日子。關於這一天的具體細節，第二天《晨報》記者的現場報導，可以幫助我們穿越歷史時空，重讀當年情景：「下午一點三十分左右，大約有三千多名學生，聚集在天安門廣場，他們代表北京的十三所大專學校，人們讀到印有北京學界全體宣言的傳單，看到演講者，站在方桌上大聲呼喊，口號聲此起彼伏，學生們給北京市民留下了深刻的印象，許多人感動得沿街而立，潸然淚下，紛紛回應學生們的吶喊，許多旁觀的外國人，也向學生們歡呼致意，或脫帽揮舞。」

遊行隊伍，有秩序地前進，童子軍和小學生也加入了隊伍。人們向東到了東交民巷西口，向美英等國公使遞交請願書，表示誓死收回山東權益。

正在德國醫院照顧病人的冰心，後來回

164

憶說,正是這一天,將她震上五四文壇。

趙家樓,是主持巴黎會談的外交官——曹汝霖的住宅,示威者遭到警察的野蠻阻攔,人們開始憤怒。北京高等師範的學生匡互生,自幼習武,性情剛強,遊行中有意將隊伍引向趙家樓曹汝霖的住宅,並在激憤中,點燃了趙家樓的大火,使整個五四事件走向高潮。

這一天,在家午睡的鄭振鐸被窗外的叫喊聲驚醒,他後來回憶說,正是趙家樓的大火,改變了他的一生。

民國大總統徐世昌被學生的行為所激怒,下令逮捕學生,軍警封鎖了北京大學,政府的過激行為,使事件迅速升級。

第二天,在清華學校(今清華大學)貼出岳飛的《滿江紅》,抄寫者是二年級學生聞一多。學生的愛國運動,迅速波及全國。

在天津,一百七十多個群眾組織,結成救國大同盟,這年四月,二十一歲的周恩來從日本回國,很快成為天津學生運動的組織者。

在南京,學生的遊行隊伍中,出現了金陵女子大學女學生的身影,這座四年前剛剛成立的女子大學,培養出了中國第一批女大學生。

五月五日夜裏,激烈的鐘聲,打破了復旦公學(今復旦大學)校園的沉靜,學生們湧向街頭,聲援北京學生。

六月三日,當數千名北京示威學生被軍警監禁的消息傳來,激起整個上海的憤怒,工人罷工,商人罷市,學生罷課,社會各階層都加入了抗議的行列,自此,五四運動的重心從北京轉移到上海。產業工人雲集的上海逐漸形成一種獨特的政治力量。在此後的幾年裏,工人運動風起雲湧,終於催生出一個工人階級的政黨——中國共產黨。

正在上海著書的孫中山,一直關注著發生在身邊的這場愛國運

↑ 郭隆真

動，他敏感地意識到，一股新的力量正在形成，這年六月十七日，他登臺演講，用「團結就是力量」六個字，高度評價五四運動。在接見學生代表時，孫中山表示，中國的未來，中國的命運，都落在你們這一代青年身上。在全國人民的強大壓力下，總統徐世昌決定丟車保帥，六月十日，他下令免去了曹汝霖、章宗祥、陸宗輿的職務，以平息國人的憤怒。

在法國巴黎，六月二十八日是巴黎和會簽訂和約的最後期限，年輕的中國外交官顧維鈞等人，順應民意，拒絕出席簽字儀式，以此表達中國的憤怒。多年後，顧維鈞對那天早晨的情形，依然記憶猶新，「汽車緩緩行駛在黎明的晨曦中，我覺得一切都是那樣黯淡，那天色，那樹影，和沉寂的街道，我想這一天必將被視爲一個悲慘的日子，留存於中國歷史上」。這一舉動，開創了中國近代外交史上敢於鬥爭的先例。

這一場驚濤駭浪，絕非偶然，絕非僅僅是學潮。

從五四走出的一代學子，承接著兩個歷史階段，承接著兩種文明，在夾縫之中求生，沉默則死，爆發則生。平穩過渡只是不切實際的夢想，即便是中庸有序的中國人，也在多年掙扎中積蓄著地火，尋找一個突破口。從晚明開始，商品經濟慢慢發展，在當時東方城市中，是否有真正意義上的「資本

↑ 易卜生

↑ 文繡

↑ 鄧春蘭刊在《晨報》上的信

↑ 北大最早入學的三位女學生

主義萌芽」尚待商榷，而商業逐漸挑戰農業不可動搖的地位，確是事實。經濟變動，與社會結構變動，應該是同步的，於是，一場地動山搖，一段激情歲月，只是遲早的問題。

往趙家樓去，往趙家樓去，一時的激越之下，隱含了整個民族的憤怒，埋藏著為時已久的矛盾，火光熊熊，映證了歷史不二的規律。共和的旗幟下，軍閥猖獗，民主無門，而新思想的活躍不可遏制，反簽約反辱國，正是不可錯失的機會，歷史把時間定在這一刻。

<10> 女權解放

北京大學紅樓是通向廣場的起點，它見證了這段激情的歲月。從這裏走出的一代青年學生，開始了不同的人生宣傳：

羅家倫、康白清等五人，相約赴美留學，人們戲稱他們是五大臣出洋；

張國燾南下上海，投入到中國共產黨的組建工作；

鄧中夏走向民間，參與組織工人運動；

一九一九年底，許德珩搭上了開往馬賽的法國郵輪，踏上了赴法勤工儉學的旅途。

改變落後面貌，再造一個「少年中國」，不僅需要熱血與激情，更需要腳踏實地的努力，年青的學子們開始思索社會的痼疾，批判阻礙時代前進的因素，以個人性的實踐來探討行之有效的方案。治

⬆ 民國女學生 1-3　　　　　　　　　　　⬆ 何香凝

病自要良方，醫治這個滿目瘡痍的國家，首
要問題是從自身挖出病根來，國民性格的缺
陷、舊家族制的束縛，都令人們如鯁在喉，
不吐不快，五四前後，眾多知識份子開始了
激烈的社會批判，以《新青年》為代表的一
些刊物，以陳獨秀、魯迅為代表的啟蒙思想
家，紛紛發表文章抨擊吃人的禮教制度，提
倡個性解放的呼聲，成為當時振聾發聵的社
會強音。六個月前，發生在北京的五四運
動，逐漸從政治抗議轉向更廣泛的社會領

域，德先生與賽先
生走出學術，走向
平民生活，走向廣
闊的社會。新文化
運動也從知識階
層，擴展到普通人
群，自我意識終於
強勢萌發，與傳統
習俗的對抗更為觸
目驚心，一向信奉
中庸自守的國人，

↑ 雷潔瓊

↑ 蔡暢

↑ 話劇《娜拉》1-4

深受自由感召，開始有勇氣向命運挑戰。

一九一九年十一月十四日，湖南長沙
發生了一件悲慘的社會新聞，二十三歲的
青年女子趙伍珍因不滿包辦婚姻，在出嫁
的花轎中自殺身亡。這事件引起社會的強
烈迴響。當時二十六歲的毛澤東正在長

↑ 丁玲

沙，在其後的十二天時間裏，毛澤東連續發表了十篇評論，猛烈抨擊釀成慘事的社會傳統習俗。爲一件事連續發表這麼多文章，在毛澤東的一生中，這是第一次，在當時輿論界，他也是表態最多的一個人。這位農民的兒子，對傳統婚姻制度有著切膚之痛。五年前，他自己也因爲反抗父母包辦婚姻而憤然離家出走。

新青年們受五四之魂洗禮，受自由精神薰陶，參預國家政治生活，並努力改變個人的人生道路，尤其關注切身相關的婚姻、家庭、婦女問題，這也是整個社會的焦點。一九一七年前後，一位外國女性的名字爲許多中國人所熟知，她就是話劇《玩偶之家》的主人翁娜拉，丹麥劇作家易卜生，成爲在中國文壇影響巨大的人物。在短短兩年的時間裏，這個話劇風靡許多大中城市，娜拉成爲眾多青年女性崇拜效仿的偶像。胡適還仿效《玩偶之家》，創作了中國第一部獨幕話劇《終身大事》，魯迅的《傷逝》同樣尖銳地把矛盾推向激化，提出「娜拉出走之後怎麼辦」的思考。

延續數千年的婚姻習俗，開始受到懷疑和衝擊，一九一七年，在河北農村，一位少女爲反抗父母的包辦婚姻，離家出走，隻身赴天津求學，她叫郭隆眞，兩年後，她活躍的身影出現在五四運動的遊行隊伍中。據《申報》記載，二〇年代初，女子逃婚成爲時髦，「我是我自己的」，成爲當時許多青年女性的口頭禪。一貫被中國人視爲終身大事的婚姻，開始走向文明化，甚至出現了連聘禮都不收的新式婚禮，西式風尚在城市有知識的年輕人中漸漸流行。

退位皇帝溥儀的妃子文繡離家出走，並登報聲明，公開宣布與溥儀離婚。這件離婚案，在當時被稱爲「妃子革命」，這個富有歷史意義的細節，象徵著延續幾千年的傳統婚姻制度走向歷史的終結。

一九一九年五月，北京大學校長蔡元培收到一封來自甘肅的信，一位叫鄧春蘭的女子在信中要求入北京大學讀書，許多報刊紛紛轉載這封來信，年底蔡元培答記者問，明確表示，同意女生報考

↑ 重慶剪髮女生

↑ 時髦的上海女子1

↑ 女學者

北大。一九二〇年首批三位女生被北京大學錄取，他們的合影刊登在當年的婦女雜誌上，從照片上可以看見，她們還纏著小腳，這件新聞，在當時引起強烈的社會轟動，政府教育部不得不致信北京大學，要求謹慎從事，以免發生弊端。

一九〇八年，清政府批准在北京成立中國第一個官辦女子師範學堂，興辦女校的浪潮，在全國興起。從十九世紀末開始，中國出現了第一批女校。當時上海的教會學校——中西女校首批招生，只招到了五位女學生。而大學在中國誕生的十幾年間，一直嚴禁男女同校，從待字深閨到走向學校，中國女性命運的改變，正是從這些學生的童年開始的。

從這些學校中，陸續走出了一批新女性，何香凝、雷潔瓊，成為二十世紀中國女性的傑出代表。建於一九〇六年的中南女校，是中南一帶女學生嚮往的地方，早期革命家蔡暢、向警予，作家丁玲都畢業於這所學校，幾年後她們從這所學校走向社會，投身革命，並於一九二〇年先後出現在赴法勤工儉學的隊伍中。在山城重慶，幾位女學生受新思想感召，剪掉長髮，女扮男裝，出入當地高等師範學校，在社會上掀起軒然大波，校方以違背禮教、傷風敗俗為由，開除了她們的學籍。但女子剪髮風，卻愈演愈烈，很快成為一種社會風氣，遺老遺少們絕望地看著世易時移，女性坦然走出閨

房，坦然裸露天足，一切不可抵擋。

接受教育，是女性走向社會的第一步，到一九二二年，共有二十八所大專學校招收了女學生。本世紀最初二十年，一批職業女性，陸續走上社會，從女店員、紡織女工，到女教員、女演員、女話務員，眾多女性忙碌的身影，成為中國社會的獨特風景。職業女子與新式主婦並行不悖，同樣引領風尚，走在城市前沿，當時的畫報、廣告，都以新女性作為招牌，倡導西式生活方式，也以「康克令小姐」之類的職業女性形象來製造商業價值。新女性無須再以生命代價來爭取婚姻自由，她們所獲得的活動空間是舊式婦女無法想像的。而這一切的發生，不過短短二十年時間，看似牢固的禮教之牆，一朝傾覆，天下稱快。

一九二〇年一月，《婦女雜誌》發表《解放的女意》一文，對中國傳統的女婢制度提出質疑。八月，《婦女雜誌》發表文章，指出廢除娼妓的根本方法，在於改良社會，只有婦女經濟地位獨立，才能解決根本問題。強大的社會輿論，為中國婦女命運的改變，帶來了亮色。女性的獨立，從形式到內心，都與社會的激烈動盪緊緊相連，是制度變遷、文化革新的集中反映。與西方相比，沒有經歷一個長期醞釀的過程，因此表面的翻天覆地之下，隱藏了許多來不及深思的問題，思想的後遺症很多。但新女性以極大的熱情投入到文化運動中去，投入到時代洪流中去，女作家層出不窮，以女性獨有的細膩眼光書寫生活，無論是左翼知識份子、革命活動家，還是週刊、副刊撰稿人，自由寫作者，都有她們的身影。從早期的陳衡哲、丁玲、冰心、盧隱，到現在我們

⬆ 時髦的上海女子2

所熟知的林徽音、蕭紅、張愛玲、蘇青，身姿各異，對中國文壇來說，確屬前所未有的景觀。

　　一九一九年一月以來，北京、上海等大中城市，文明新風盛行，街頭經常可以見到穿著高領襯衫和黑色長裙的知識女性飄然而過。當時的上海引導著女性的新時尚，時髦的女子通常喜歡燙髮，身著旗袍絲襪，腳蹬高跟鞋，顯得高雅自信。商業廣告中，開朗自然的女性形象，越來越多，成為現代標誌性形象。大都市風潮與新女性如此稱合，她們影響著民眾的視聽，引領著新鮮空氣，甚至左右商家的決策，與她們保守陰鬱的母輩形成強烈的反差。各類雜誌也擁有穩固的女性讀者群，小說盛行，雜感紛起，全新的都市生活在女性的積極創造下呼嘯而起，影響至今。其實是五四精神開啟了中國女性的自由之路，而都市生活培養了自信獨立的品質。

　　女性爭取獨立和自由，是中國一個世紀的主題，它的先聲是從五四時期發出的。

<11>　五四之魂

　　「五四」已經是一個被不斷回顧的經典，從不同角度可以看到不同的歷史，但這個階段的重要性無可置疑，積聚的力量需要爆發，社會資源需要重組，一切都在尋找這樣的契機。對於中國的現代化歷程尤其如此，從最初的茫然失落到逐漸清晰，「五四」使分散的思想聚攏、交流、撞擊，乃至於綻放絢麗的花朵。沒有所謂正確與錯誤的絕對劃分，每一種新生事物都生機盎然，這樣充滿活力的狀態才能醞釀從靈魂到現實的革命，至今我們津津樂道的那些名字都

從「五四」走出，帶著「五四」的光環。思想的巨人，行動的巨人，驚人的才智，開天闢地的事蹟，使後人心存敬畏，這是現代化的新起點。

「五四」提出的種種命題，至今延續，不是一個過去式，也不僅是後人懷念憑弔的碑林：

人性的自由解放，是五四提出的基本觀念。由於中國禮教傳統森嚴，越來越悖離時代發展方向，人們久積不滿，呼喚一出，應者雲集，反應之熱烈，反抗之廣泛，都是空前的。女性獨立、婚姻自主、打破大家庭，皆是倡導人性自由的直接成果，彷彿歷史加速前進，一夜之間爆發。之後，人性問題演化為人道主義論爭，上升到這一文化層面，個人對自由幸福的追求與群體理解之結合更為緊密，孤膽英雄式的抗爭不再被樂觀評價。魯迅之「吶喊」，即旨在喚醒鐵屋中沉睡的眾人，喚醒旁觀的麻木國民。如此，個人追求置於廣闊背景下，虛幻的夢想成分不斷減弱，民族命運國家命運凸現出來，對整個家族制度的批判、對國民思想沉澱的挖掘，進一步加強。「五四」只是一個開端，為重生的中國建立起參照系，打開封閉的窗戶，充滿實踐性，而習慣勢力的反覆能力、頑固程度，都出人意料地存在於潛意識中、風俗中，於是個性解放成為歷久彌新主題。

「五四」對於清末開始的中西之爭，作了較為思辨的取捨。早先的「中學為體，西學為用」顯然出於理想，激進派對其採取了猛烈抨擊的態度，一時「舊學」猶如洪水猛獸，令人唯恐避之不及，全盤否定有一定數量的擁護者。另一方面，「整理國故」的口號也十分強硬，這不僅是遺老遺少的專利，一批資深學者也列席其中，大力挖掘中國傳統思想的閃光點，以望延續文化血脈、再造神州根基。經過轟轟烈烈的反軍閥鬥爭和如火如荼的文化運動，狂熱過後，人們日趨冷靜，意識到中國情境的複雜性和特殊性，全盤西化

和固守本源都非明智之舉。文化的交融是必然規律，取其精華，去其糟粕，本著務實的精神，以科學的態度看待事物，而這個過程異常艱辛，保持本土性與世界同步，一個問題的兩個側面，都突出地呈現出來。

無須諱言，「五四」將中國進一步推向現代化之路，文化思潮、社會經濟、政治體制，都發生巨大變化。復辟幾如鬧劇不得人心，而溫和的立憲帝制不能緩解嚴峻的現實問題，缺乏經驗的人們行走於黑暗之中，而對洶湧逼近的時代斷層，內心的困惑可想而知。民族經濟根基薄弱，處於內戰危險與外資擠壓之間，始終不能順利掌舵、揚帆高歌。長期集權統治使民眾缺少自主公民意識，不利於科學探索精神的培養，確是存在的陷阱。而現代化的神話也容易使人失去判斷能力，一味為工業文明喝采，不惜代價追尋新的樂園，以至於丟失可貴的民族精神。到底什麼是現代化，到底以什麼樣的模式進入現代文明，「五四」未提供現成答案，亦不可能終結這個問題。

歷史進入了新的紀元，百年沉浮，風流人物歷歷在目，我們一遍遍回顧它，重溫每一個瞬間，不是為了與遺忘對抗，只是希望建立一種對話關係，通過再現，通過時空聯繫，找到可以比較的依據，確定當下所在的位置。

附錄 辛丑各國合約

一九○一年九月七日,光緒二十七年七月二十五日,北京。

大清欽命全權大臣便宜行事總理外務部事務和碩慶親王;

大清欽差全權大臣便宜行事太子太傅文華殿大學士北洋大臣直隸總督部堂一等肅毅伯李鴻章;

大德欽差駐紮中華便宜行事大臣穆默;

大奧欽差駐紮中華便宜行事全權大臣齊干;

大比欽差駐紮中華便宜行事全權大臣姚士登;

大日欽差駐紮中華全權大臣葛絡干;

大美國欽差特辦議和事宜全權大臣柔克義;

大法欽差全權大臣駐紮中國京都總理本國事務便宜行事鮑渥;

大英欽差便宜行事全權大臣薩道義;

大義欽差駐紮中華大臣世襲侯爵薩爾瓦葛;

大日本國欽差全權大臣小村壽太郎;

大和欽差駐紮中華便宜行事全權大臣克羅伯;

大俄欽命全權大臣內廷大夫格爾思;

今日會同聲明,核定大清國按西曆一九○○年十二月二十二日,即中曆光緒二十六年十一月初一日文內各款,當經大清國大皇帝於西曆一九○○年十二月二十七日,即中曆光緒二十六年十一月初六日,降旨全行照允,足適諸國之意妥辦(附件一)。

　　第一款　一、大德國欽差男爵克大臣被戕害一事,前於西曆本年六月初九日,即中曆四月二十三日,奉諭旨(附件二)欽派醇親王載灃為頭等專使大臣赴大德國大皇帝前,代表大清國大皇帝暨國家惋惜之意。醇親王已遵旨於西曆本年七月十二日,即中曆五月二十七日,自北京起程。

　　第一款　二、大清國國家業已聲明,在遇害處所,豎立銘志之碑,與克大臣品位相配,列敘大清國大皇帝惋惜凶事之旨,書以拉

丁、德、漢各文。前於西曆本年七月二十二日，即中曆六月初七日，經大清國欽差全權大臣文致大德國欽差全權大臣（附件三），現於遇害處所，建立牌坊一座，足滿街衢，已於西曆本年六月二十五日，即中曆五月初十日興工。

　　第二款　一、懲辦傷害諸國國家及人民之首禍諸臣，將西曆本年二月十三、二十一等日，即中曆上年十二月二十五、本年正月初三等日，先後降旨，所定罪名，開列於後（附件四、五、六）：端郡王載漪、輔

⊙ 英軍司令蓋斯利中將及部下

國公載瀾，均定斬監候罪名，又約定如皇上以爲應加恩貸其一死，即發往新疆，永遠監禁，永不減免；莊親王載勳、都察院左都御史英年、刑部尙書趙舒翹，均定爲賜令自盡；山西巡撫毓賢、禮部尙書啓秀、刑部左侍郎徐承煜，均定爲即行正法；協辦大學士吏部尙書剛毅、大學士徐桐、前四川總督李秉衡，均已身故，追奪原官，即行革職。又兵部尙書徐用儀、戶部尙書立山、吏部左侍郎許景澄、內閣學士兼禮部侍郎聯元、太常寺卿袁昶，因上年力駁殊悖諸國義法極惡之罪被害，於西曆本年二月十三日，即中曆上年十二月二十五日，奉上諭開復原官，以示昭雪（附件七）。莊親王載勳已

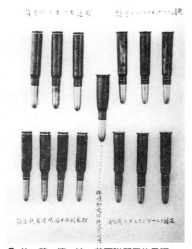

⬆ 美、英、德、法、義軍隊所用的子彈

於西曆本年二月二十一日，即中曆正月初三日，英年、趙舒翹已於二十四日，即初六日，均自盡；毓賢已於二十二日，即初四日，啓秀、徐承煜已於二十六日，即初八日，均正法。又西曆本年二月十三日，即中曆上年十二月二十五日上諭，將甘肅提督董福祥革職，俟應得罪名定讞懲辦。西曆本年四月二十九、六月初三、八月十九等日，即中曆三月十一、四月十七、七月初六等日，先後降旨，將上年夏間凶慘案內，所有承認獲咎之各外省官員，分別懲辦。

第二款　二、西曆本年八月十九日，即中曆二十七年七月初六日上諭，將諸國人民遇害被虐之城鎮，停止文武各等考試五年（附件八）。

第三款　因大日本國使館書記生杉山彬被害，大清國大皇帝從優榮之典，已於西曆本年六月十八日，即中曆五月初三日，降旨簡派戶部侍郎那桐為專使大臣赴大日本國大皇帝前，代表大清國大皇帝及國家惋惜之意（附件九）。

第四款　大清國國家允定，在於諸國被汙瀆及

⬆ 日軍山口師團長及部下

挖掘各墳塋，建立滌垢雪侮之碑，已與諸國全權大臣會同商定，其
碑由各該國使館督建，並由中國國家付給估算各費銀兩，京師一
帶，每處一萬兩，外省，每處五千兩。此項銀兩，業已付清。茲將
建碑之墳塋，開列清單附後（附件十）。

　　第五款　大清國國家允定，不准將軍火暨專為製造軍火各種器
料運入中國境內，已於西曆本年八月二十五日，即中曆二十七年七
月十二日，降旨禁止進口二年。嗣後如諸國以為有仍應續禁之處，
亦可降旨將二年之限續展（附件十一）。

　　第六款　按照西曆本年五月二十九日，即中曆四月十二日上
諭，大清國大皇帝允定，付
諸國償款海關銀四百五十兆
兩。此款係西曆一九〇〇年
十二月二十二日，即中曆光
緒二十六年十一月初一日條
款內第二款所載之各國、各
會、各人及中國人民之賠償
總數（附件十二）。

↑ 法軍少將弗雷及部下

　　甲、　此四百五十兆係
照海關銀兩市價易為金款，此市價按諸國各金錢之價易金如左：海
關銀一兩，即德國三馬克零五五；即奧國三克勒尼五九五；即美元
零七四二；即法國三法郎七五；即英國三先令；即日本一圓四零
七；即荷蘭國一弗樂林七九六；即俄國一盧布四一二，俄國盧布按
金平算，即十七多里亞四二四。

　　此四百五十兆按年息四厘，正本由中國分三十九年，按後附之
表各章清還（附件十三）。本息用金付給，或按應還日期之市價易金
付給。還本於一九〇二年正月初一日起，一九四〇年終止。還本各
款，應按每屆一年付還，初次定於一九〇三年正月初一日付還。利

息由一九○一年七月初一日起算，唯中國國家亦可將所欠首六個月至一九○一年十二月三十一日之息，展在自一九○二年正月初一日起，於三年內付還，但所展息款之利，亦應按年四厘付清。又利息每屆六個月付給，初次定於一九○二年七月初一日付給。

　　乙、此欠款一切事宜，均在上海辦理如後：諸國各派銀行董事一名，會同將所有由該管之中國官員付給之本利總數收存，分給有干涉者，該銀行出付回執。

　　丙、由中國國家將全數保票一紙交付駐京諸國欽差領銜大臣手內，此保票以後分作零票，每票上各由中國特派之官員畫押。此節以及發票一切事宜，應由以上所述之銀行董事各遵本國飭令而行。

　　丁、付還保票財源各進款，應每月給銀行董事收存。

　　戊、所定承擔保票之財源，開列於後：

　　一、 新關各進款，俟前已作為擔保之借款各本利付給之後餘剩者，又進口貨稅增至切實值百抽五，將所增之數加之，所有向例進口免稅各貨，除外國運來之米及各雜色糧麵併金銀以及金銀各錢外，均應列入切實值百抽五貨內。

　　二、 所有常關各進款，在各通商口岸之常關，均歸新關管理。

　　三、 所有鹽政各進項，除歸還前泰西借款一宗外，餘剩一併歸入。

　　至進口貨稅增至切實值百抽五，諸國現允可行，惟須二端：一、將現在照估價抽收進口各稅，凡能改者，皆當急速改為按件抽稅幾何。定辦改稅一層如後：

　　為估算貨價之基，應以一八九七、八、九三年卸貨時各貨牽算價值，乃開除進口稅及雜費總數之市價。其未改以前，各該稅仍照估價徵收。二、北河、黃浦兩水路，均應改善，中國國家即應撥款相助。

　　增稅一層，俟此條款畫押日兩個月後，即行開辦，除在此畫押

日期後至遲十日已在途間之貨外，概不得免抽。

第七款　大清國國家允定，各使館境界，以為專與住用之處，並獨由使館管理，中國人民，概不准在界內居住，亦可自行防守。使館界線，於附件之圖上標明如後（附件十四）：東面之線係崇文門大街，圖上十、十一、十二等字；北面圖上係五、六、七、八、九、十等字之線；四面圖上係一、二、三、四、五等字之線；南面圖上係十二、一等字之線，此線循城牆南址隨城垛而畫。按照西曆一九〇一年正月十六日，即中曆上年十一月二十六日文內後附之條款，中國國家應允，諸國分應自主，常留兵隊，分保使館。

第八款　大清國國家應允將大沽炮臺及有礙京師至海通道之各炮臺，一律削平，現已設法照辦。

第九款　按照西曆一九〇一年正月十六日，即中曆上年十一月二十六日文內後附之條款，中國國家應允，由諸國分應主辦，會同酌定數處，留兵駐守，以保京師至海通道無斷絕之虞。今諸國駐守之處係：黃村、廊坊、楊村、天津、軍糧城、塘沽、蘆台、唐山、灤州、昌黎、秦皇島、山海關。

第十款　大清國國家允定兩年之久，在各府、廳、州、縣，將以後所述之上諭頒行布告：

一、　西曆本年二月初一日，即中曆上年十二月十三日上諭，以永禁或設或入與諸國仇敵之會，違者皆斬（附件十五）。

二、　西曆本年二月十三、二十一、四月二十九、八月十九等日，即中曆上年十二月二十五、本年正月初三、三月十一、七月初六等日上諭一道，犯罪之人如何懲辦之處，均一一載明。

三、　西曆本年八月十九日，即中曆七月初六日上諭，以諸國人民遇害被虐各城鎮，停止文、武各等考試。

四、　西曆本年二月初一日，即中曆上年十二月十三日上諭，以各省督撫、文武大吏暨有司各官，於所屬境內，均有保平安之責，

⬆ 日、英、德、法、俄軍官在山海關

如復滋傷害諸國人民之事,或再有違約之行,必須立時彈壓懲辦,否則該管之員,即行革職,永不敘用,亦不得開脫,別給獎敘(附件十六)。

以上諭旨,現於中國全境漸次張貼。

第十一款 大清國國家允定,將通商行船各條約內,諸國視為應行商改之處,及有關通商其他事宜,均行議商,以期妥善簡易。現按照第六款賠償事宜,約定中國國家應允,襄辦改善北河、黃浦兩水路,其襄辦各節如左:

一、 北河改善河道,在一八九八年,會同中國國家所興各工,近由諸國派員重修,一俟治理天津事務交還之後,即可由中國國家派員與諸國所派之員會辦,中國國家應付海關銀每年六萬兩,以養其工。

二、 現設立黃浦河道局,經管整理改善水道各工。所派該局各

員，均代中國暨諸國保守在滬所有通商之利益。預估後二十年，該局各工及經管各費，應每年支用海關銀四十六萬兩。此數平分，半由中國國家付給，半由外國各干涉者出資。該局員差並權責及進款之詳細各節，皆於後附文件內列明（附件十七）。

第十二款　西曆本年七月二十四日，即中曆六月初九日，降旨將總理各國事務衙門，按照諸國酌定，改為外務部，班列六部之前。此上諭內已簡派外務部各王大臣矣（附件十八）。且變通諸國欽差大臣觀見禮節，均已商定，由中國全權大臣屢次照會在案，此照會在後附之節略內述明（附件十九）。

茲特為議明，以上所述各語及後附諸國全權大臣所發之文牘，均係以法文為憑。

大清國國家既如此，按以上所述西曆一九〇〇年十二月二十二日，即中曆光緒二十六年十一月初一日文內各款，足適諸國之意妥辦，則中國願將一九〇〇年夏間變亂所生之局勢完結，諸國亦照允隨行。是以諸國全權大臣現奉各本國政府之命，代為聲明，除第七款所述之防守使館兵隊外，諸國兵隊即於西曆一九〇一年九月十七日，即中曆光緒二十七年八月初五日，全由京城撤退，並除第九款所述各處外，亦於西曆一九〇一年九月二十二日，即中曆光緒二十七年八月初十日，由直隸省撤退。今將以上條款繕定同文十二分，均由諸國、中國全權大臣畫押，諸國全權大臣各存一分，中國全權大臣收存一份。

一九〇一年九月初七日
光緒二十七年七月二十五日
在北京訂立

附 件 一

光緒二十六年十一月初六日奉旨，奕劻、李鴻章電悉、覽，所奏十二條大綱，應即照允，欽此。

附 件 二

　　光緒二十六年十一月二十四日諭旨，醇親王載灃，著授為頭等專使大臣，前赴大德國敬謹將命，前內閣侍讀學士張翼，副都統蔭昌，均著隨同前往，參贊一切，欽此。

附 件 三

　　為照覆事：本年五月初三日接准貴大臣照稱：「和議總綱第一款載明，原任德國克大臣被害處所樹立銘志之碑一節，章京瑞良、候選道聯芳，奉派辦理。該章京等早經向本署開商，議及此碑應如

何做法。屢商議間，又稱願在被害處所用大理石樹立牌坊一座，東西寬滿崇文門大街，因材料難於轉運，做工多需時日，又設別法，將他處現有之牌樓移至被害處所樹立，或立一新牌樓，或挪用舊有者，均應聽候本國裁奪。本大臣當經電詢本國國

❶ 俄軍司令官利涅威士及部下

家意向。茲奉回諭，德國大皇帝意旨親裁，仍應新設牌坊一座，足滿街衢等因，自應剴切請迅速妥辦，以便立刻興工。」等因前來。本王大臣當即劄飭該章京等遵照辦理。據報「已於五月初十日開工，先築地基，其開山鑿石，轉運料件，均須時日，惟有督飭工人，盡力妥速辦理。」等語。除飭將全工隨時稟商外，相應照復貴大臣查照可也。須至照會者。

光緒二十七年六月初七日

附 件 四

　　十二月二十五日上諭：京師自五月以來，拳匪猖亂，開釁友邦。現經奕劻、李鴻章與各國使臣在京議和大綱草約業已畫押。追思肇禍之始，實由諸王大臣昏謬無知，囂張跋扈，深信邪術，挾制朝廷，於剿辦拳匪之諭，抗不遵行，反縱信拳匪，妄行攻戰，以致邪焰大張，聚數萬匪徒於肘腋之下，勢不可遏。復主令鹵莽將卒，圍攻使館，竟至數月之間，釀成奇禍，社稷阽危，陵廟震驚，地方蹂躪，生民塗炭，朕與皇太后危險情形，不堪言狀，至今痛心疾首，悲憤交深。是諸王大臣信邪縱匪，上危宗社，下禍黎元，自問當得何罪。前經兩降諭旨，尚覺法輕情重，不足蔽辜，應再分別等差，加以懲處。已革莊親王載勛，縱容拳匪，圍攻使館，擅出違約告示，又輕信匪言，枉殺多命，實屬愚暴冥頑，著賜令自盡，派署左都御史葛寶華前往監視。已革端郡王載漪，倡率諸王貝勒，輕信拳匪，妄言主戰，至肇釁端，罪實難辭；降調輔國公載瀾，隨同載勛，妄出違約告示，咎亦應得，著革去爵職；惟念俱屬懿親，特予加恩，均著發往新疆，永遠監禁，先行派員看管。已革巡撫毓賢，前在山東巡撫任內，妄信拳匪邪術，至京為之揄揚，以至諸王大臣受其煽惑，及在山西巡撫任內，復戕害教士、教民多命，尤屬昏謬

◐ 各國士兵

兇殘，罪魁禍首，前已遣發新疆，計行抵甘肅，著傳旨即行正法，並派按察使何福堃監視行刑。前協辦大學士吏部尙書剛毅，祖庇拳匪，釀成巨禍，並會出違約告示，本應置之重典，惟現已病故，著追奪原官，即行革職。革職留任甘肅提督董福祥，統兵入衛，紀律不嚴，又不諳交涉，率意鹵莽，雖圍攻使館，係由該革王等指使，究難辭咎，本應重懲，姑念在甘肅素著勞績，回漢悅服，格外從寬，著即行革職。降調都察院左都御史英年，於載勳擅出違約告示，曾經阻止，情尙可原，惟未能力爭，究難辭咎，著加恩革職，定爲斬監候罪名。革職留任刑部尙書趙舒翹，平日尙無嫉視外交之意，前查辦拳匪，亦無庇縱之詞，惟究屬草率貽誤，著加恩革職，定爲斬監候罪名。英年、趙舒翹均著先在陝西省監監禁。大學士徐桐，降調前四川總督李秉衡，均已殉難身故，爲貽人口實，均著革職並將恤典撤銷。經此次降旨以後，凡我友邦，當共諒拳匪肇禍，實由禍首激迫而成，絕非朝廷本意，朕懲辦禍首諸人，並無輕縱，即天下臣民，亦曉然於此案之關係重大也。欽此。

附 件 五

十二月二十五日上諭：禮部尙書啓秀、前刑部左侍郎徐承煜，均著先行革職，著奕劻、李鴻章查明所犯確據，即行奏明，從嚴懲辦。欽此。

附 件 六

光緒二十七年正月初三日內閣奉上諭：此案禍首諸臣，昨已降旨，分別嚴行懲辦。茲據奕劻、李鴻章電奏，按照各國全權大臣照會，尙須加重，懇請酌奪等語。除載勳已賜令自盡，毓賢已飭即行正法，均各派員前往監視外，載漪、載瀾均定爲斬監候罪名，惟念誼屬懿親，特予加恩發往極邊新疆，永遠監禁，即日派員押解起

程。剛毅情罪較重，應定爲斬立決，業經病故，免其置議。英年、
趙舒翹昨已定爲斬監候，著即賜令自盡，派陝西巡撫岑春煊前往監
視。啓秀、徐承煜，各國指稱力庇拳匪，專與洋人爲難，昨已革
職，著奕劻、李鴻章照會各國交回，即行正法，派刑部堂官監視。
徐桐輕信拳匪，貽誤大局，李秉衡好爲高論，固執釀禍，均應定爲
斬監候，惟念臨難自盡，業經革職，撤銷恤典，應免再議。至首禍
諸人，所犯罪狀，已於前旨內逐一明白聲敘矣。欽此。

附 件 七

十二月二十五日上諭：本
年五月間拳匪猖亂，勢日鴟
張，朝廷以剿撫兩難，迭次召
見臣工，以期折衷一是。乃兵
部尚書徐用儀、戶部尚書立
山、吏部左侍郎許景澄、內閣
學士聯元、太常寺卿袁昶，經

⤊ 德軍少將馮・赫普夫納及部下

朕一再垂詢，詞意均涉兩可，而首禍諸臣，遂乘機誣陷，交章參
劾，以致身罹重辟。惟念徐用儀等宣力有年，平日辦理交涉事件，
亦能和衷，尚著勞，應即加恩，徐用儀、立山、許景澄、聯元、袁
昶均著開復原官，該部知道。欽此。

附 件 八

光緒二十七年七月初六日內閣奉上諭：本日奕劻、李鴻章具
奏，各國議定，滋事地方停止文武考試各五年一摺，據稱順天、太
原地方鄉試，仍應停止；其單開山西省之太原府、忻州、太谷縣、
大同府、汾州府、孝義縣、曲沃縣、大寧縣、河津縣、岳陽縣、朔
平府、文水縣、壽陽縣、平陽府、長子縣、高平縣、澤州府、隰

州、蒲縣、絳州、歸化城、綏遠城；河南省之南陽府、光州；浙江省之衢州府；直隸省之北京、順天府、保定府、永清縣、天津府、順德府、望都縣、獲鹿縣、新安縣、通州、武邑縣、景州、灤平縣；東三省之盛京、甲子廠、連山、徐慶街、北林子、呼蘭城；陝西省之寧羌州；湖南省之衡州府等地方，均應停止文武考試五年。著各該省督撫、學政，遵照辦理，出示曉諭。欽此。

❶ 美軍司令官查菲及部下

附 件 九

五月初三日接准西安軍機處東電內開：奉旨：「戶部右侍郎那桐著賞給頭品頂戴，授爲專使大臣，前往大日本國敬謹將命。欽此。」應照會貴大臣，請煩查照，須至照會者。

光緒二十七年五月初四日

附 件 十

京都左近被汙瀆之諸國墳塋清單：

英國墳塋一處，法國墳塋五處，俄國墳塋一處，共計七處。

附 件 十一

七月十二日奉上諭：各省將軍、督撫暨各關監督，先於兩年內，將所有外洋軍火及專爲製造軍火器料，一概不准販運進口，該部知道。欽此。

附 件 十 二

　　為照覆事：四月初七日准貴大臣照會內開：「西曆本年五月初七日，即中曆三月十九日，照會貴王大臣以賠款一事，各國所出款項及公私各虧，結至西曆本年七月初一日，即中曆五月十六日，共約計銀數在四百五十兆兩上下等語在案。旋准覆文內稱：中國國家擬按月攤還一百二十五萬兩，將此四百五十兆之數歸清等因。諸國全權大臣已將此節詳達各本國政府查照矣。惟中國國家所擬按月攤還之總數，不過僅足賠款之本而已，並未算及利息，是以應請貴王大臣，再行酌核，本領銜大臣相應文請貴王大臣將中國國家於此事主見，從速示覆可也。」等因准此。查賠款一事，業於前次照會中將中國艱窘情形布達。茲准來文，以所擬每年付銀一千五百萬兩，三十年攤完，僅足賠款之本，詢及利息一節，如何主見，本王大臣擬按周年四厘加息，已經電奏；奉旨，「各國償款四百五十兆四厘息，應准照辦。欽此。」謹應欽遵知照。惟中國財力過於短細，所能籌撥者，仍只每年一千五百萬兩之專款，既於本銀外須付利息，只得將三十年之限，寬展其期，上半期每年所付之一千五百萬兩，作為還本，下半期每年所付之一千五百萬兩，作為付利，俟付足日停止。付款之事，仍由稅務司經理。其付利一層，應按照上年還本若干，次年減利若干核算。可否如此分期還本付利，抑或於每年一千五百萬內將若干分為還本，若干分為付利，一切詳細辦法尚須妥議商定。再中國既允如數歸本，復允加利，則賠款一事，可謂已經實在，各國撤兵之期，務望早日示知，不勝企望之至。理合備文照覆貴大臣，迅速轉知諸國全權大臣查照。須至照覆者。

　　　　　　　　　　　　　　　　　　右照會

　　　　　　　　　　大日國欽差領銜全權大臣葛

　　　　　　　　　　光緒二十七年四月十二日

附件十三 還本息表

年	A字類	B字類	C字類	D字類	E字類	ABCDE各類點數	現在每年攤付欠款以海關及厘金進款作抵之數	欠泰西款總數
	七十五兆兩一九四〇年還清還本息款按年還百分之一零一自一九〇二年起三十九年至一九四〇年止	六十兆兩一九四〇年還清還本息款按年還百分之一八三自一九一〇年起三十年至一九四〇年止	一百五十兆兩一九四〇年還清還本息款按年還百分之二五六自一九一六年起二十五年至一九四〇年止	五十兆兩一九四〇年還清還本息款按年還百分之二零一自一九一六年起二十五年至一九四〇年止	一百五十兆兩一九四〇年還清還本息款按年還百分之九零四四自一九三九年起二年至一九四〇年止			
	兩	兩	兩	兩	兩	兩	兩	兩
1902	利本三兆八十二萬九千五百	利二兆四十萬	利六兆	利兩兆	利四兆六十萬	十八兆八十二萬九千五百	二十三兆六十萬	四十二兆四十二萬九千五百
1903							二十三兆三十萬	四十二兆十二萬九千五百
1904							二十三兆三十萬	四十二兆十二萬九千五百
1905							二十四兆十萬	四十二兆九十二萬九千五百
1906							二十三兆九十萬	四十二兆七十二萬九千五百
1907							二十三兆七十萬	四十二兆五十二萬九千五百

（續前表）

年	A字類 兩	B字類 兩	C字類 兩	D字類 兩	E字類 兩	兩	兩	兩
1908							二十三兆四十萬	四十二兆二十二萬九千五百
1909							二十三兆四十萬	四十二兆二十二萬九千五百
1910							二十三兆二十萬	四十二兆零二萬九千五百
1911		利本三兆四十六萬九千八百				十九兆八十九萬九千三百	二十三兆八十萬	四十二兆六十九萬九千三百
1912							二十二兆六十萬	四十二兆四十九萬九千三百
1913							二十二兆四十萬	四十二兆二十九萬九千三百
1914							二十二兆十萬	四十二兆九十九萬九千三百
1915			利本九兆三十八萬四千			二十三兆二十八萬三千三百	十九兆四十萬	四十二兆六十八萬三千三百
1916				利本三兆二十萬零五百		二十四兆四十八萬三千八百	十八兆五十萬	四十二兆九十八萬三千八百
1917							十八兆五十萬	四十二兆九十八萬三千八百
1918							十八兆五十萬	四十二兆九十八萬三千八百
1919							十八兆五十萬	四十二兆九十八萬三千八百

（續前表）

年	A字類	B字類	C字類	D字類	E字類			
	兩	兩	兩	兩	兩	兩	兩	兩
1920							十八兆五十萬	四十二兆九十八萬三千八百
1921							十八兆五十萬	四十二兆九十八萬三千八百
1922							十八兆五十萬	四十二兆九十八萬三千八百
1923							十八兆五十萬	四十二兆九十八萬三千八百
1924							十八兆五十萬	四十二兆九十八萬三千八百
1925							十八兆五十萬	四十二兆九十八萬三千八百
1926							十八兆五十萬	四十二兆九十八萬三千八百
1927							十八兆五十萬	四十二兆九十八萬三千八百
1928							十八兆五十萬	四十二兆九十八萬三千八百
1929							十八兆五十萬	四十二兆九十八萬三千八百
1930							十八兆五十萬	四十二兆九十八萬三千八百
1931							十八兆四十萬	四十二兆八十八萬三千八百
1932					利本十五兆四十六萬兩六千三百五十	十五兆三十五萬零一百五十	七兆五十萬	四十二兆八十五萬零一百五十
1933							六兆三十萬	四十一兆六十五萬零一百五十

（續前表）

年	A字類	B字類	C字類	D字類	E字類	兩	兩	兩
	兩	兩	兩	兩	兩			
1934							五兆九十萬	四十一兆二十五萬零一百五十
1935							五兆九十萬	四十一兆二十五萬零一百五十
1936							五兆九十萬	四十一兆二十五萬零一百五十
1937							五兆九十萬	四十一兆二十五萬零一百五十
1938							五兆九十萬	四十一兆二十五萬零一百五十
1939							五兆九十萬	四十一兆二十五萬零一百五十
1940							五兆九十萬	四十一兆二十五萬零一百五十
	即四十五兩百分數四八三九自一九○年起　百兆總數之四三一四二六九	即四十兩百分數四三七或上之數四二二六九　百兆總數之二七二加A字即四二○一五年起一	即四十五兩百分數四五二加上二數五四一○五年起　百兆總數之七二或加B字即四七六九	即四十五兩百分數四六六七或上三數四八三○一六年起　百兆總數之二七加ABC字即四七零零一	即四十五兩百分數四一七或加四數五六一九一二年起　百兆總數之四七加ABCD字即四三八○九	應付總數九二二萬一十兩　之即八兆三千五百二十八百自一九三年起五○九		

附 件 十 四

使館界線說帖

一字處，在城牆上正陽門樓東一百英尺，自此處界線往北，稍偏二百十六英尺，至二字處。

二字處，在大清門前周棋盤街白石欄東南角，自此界線順石欄東面往北，稍偏三百十英尺，至三字處。

三字處，在東交民巷北界線相交處，自此界線循東交民巷北牆根六百四十一英尺半，至四字處。

↑ 一九○○年九月各國指揮官在日本公使館合影

四字處，在兵部街西一百四十六英尺（係隨東交民巷北邊而量），自此界線往北，或循房式凸凹而畫，無房處或取直而畫，計長二千一百五十二英尺，其線與兵部街並列，北首距皇城外牆對兵部街柵欄門西一百五十七英尺，至五字處。

五字處，在皇城外牆南面距對兵部街柵欄門西一百五十七英尺，自此界線順皇牆往東一千二百八十八英尺，至六字處。

六字處，在皇城外牆東南角，自此界線循皇城往北二百十八英尺，至七字處。

七字處，在皇城外牆與皇城相交處，自此界線順皇城往東六百八十一英尺，至八字處。

八字處，在皇城東南角，自此界線順皇城往北六十五英尺，至九字處。

↑ 各國獸醫官在北京

　　九字處，在距皇城東南角北六十五英尺，自此界線直往正東四千零十英尺，至十字處。

　　十字處，在崇文門大街路西，距與長安街相交處北三百英尺，自此界線往南順大街西，至十一字處。

　　十一字處，在城牆上即係崇文門西北角，自此界線順城牆往西門，西馬道在內，至十二字處。

　　十二字處，在城牆上距崇文門樓西一百英尺，自此界線按圖上所畫之線順城牆南面，城垛亦在內，至一字處。

附件十五

　　上諭：各省匪徒藉滅洋為名，糾眾立會，攻擊各國人民，迭經降旨嚴禁，不啻三令五申，乃近年山東各屬，竟有大刀會、義和拳等名目，到處傳習，肆行殺掠，蔓延直境，闌入京師，以致焚毀教堂、各國人民各項房產等業，圍攻使館，開罪鄰邦，貽誤大局。朕以保護未至，負疚滋深，爾百姓平日食毛踐土，具受國恩，乃敢逞其好勇鬥狠之私，習為符咒邪妄之術，拒捕戕官，殺害各國人民，肆無忌憚，遂爾肇此奇禍，上貽君父之憂，追念之餘，尤深痛恨。業經嚴飭各路統兵大臣，實力剿辦，務淨根株，並將縱庇義和拳之王大臣，各照應得之

● 乘馬的英軍工兵

罪，分別輕重，盡法嚴懲，殺害凌虐各國人民之城鎮，概停文武各項考試五年，以示懲儆。惟恐鄉僻愚民，尚未周知，特再嚴行申禁，以免不教而誅。爾軍民人等須知結黨入會，例禁綦嚴，列朝辦理會匪之案，從未稍寬。況各國皆屬友邦，教民亦系赤子，朝廷一

視同仁，毫無歧視。無論民、教，即或果有被欺情事，亦應呈報官司，聽候持平判斷，何得輕聽謠傳，藐視刑章，逮事敗之後，黠者遠揚，儒者受戮，法所難容，情實可憫。自此次嚴諭之後，各宜悔悟自新，痛改舊習。如再有怙惡不悛之徒，私立、擅入仇視各國人民各會，持械格鬥，公然劫掠，將首從各犯，嚴密查拿，盡法懲治，絕不寬貸。各省將軍、督撫大吏，均有牧民之責，務各嚴飭所屬，剴切曉諭，並將此次諭旨，刊刻謄黃，遍行張貼，務使家喻戶曉，勉為善民，以無負朝廷諄諄誥誡，辟以止辟之至意。將此通諭知之，欽此。

附 件 十 六

上諭：中外訂約以來，各國人民准入內地，載在條約。朝廷慎固邦交，迭經諭飭各省，實力保護。乃地方官漫不經心，以致匪徒肆行，滋擾傷害各國人民之案，層見迭出。朕惟薄德，無以化導愚民，良深引疚，而地方各官，平日於洋務不知講求，於交涉罔知大體，以至燎原引火，貽害君國，撫心自問，當亦難安。自今以往，其各振刷精神，捐除成見。須知修好睦鄰，古今通義，遠人來華，或通商以懋遷有無，或遊歷以增長學識，即傳教之士，亦以勸人行善為本，梯山航海，備極艱辛。我中國既稱禮義之邦，宜盡賓主之誼，況近年華民出洋者，不下數十萬人，身家財產，悉賴各國保全，即以報施而論，亦豈得稍存歧視。著再責

↑ 法國步兵

成各直省文武大史，通飭所屬，遇有各國官民入境，務須切實照料保護。倘有不逞之徒，凌虐戕害各國人民，立即馳往彈壓，獲犯懲辦，不得稍涉玩延。如或漫無覺察，甚至有意縱容，釀成巨案，或另有違約之行，不即立時彈壓，犯事之人，不立行懲辦，各該管督撫、文武大吏及地方有司各官，一概革職，永不敘用，不准投效他省，希圖開復，亦不得別給獎敘。並將此次諭旨，一併刊佈，出示曉諭，以期官民交警，永革澆風。欽此。

附件十七

第一條　現於上海設立修治黃浦河道局。

第二條　該局責任有二：一係舉辦整理改善河道之工，一係經管河道。

第三條　該局管轄之境，自江南製造總局之下界向港口（其名為瀠華港）作一直線，自該線起至揚子江中紅色浮標處為止。

第四條　該局應任之員開列於後：甲、上海道；乙、海關稅務司；丙、各國領事中公舉二員；丁、上海通商總局中由董事公舉二員；戊、由各行船公司在上海、吳淞或黃浦之各他口岸所有每年進出口船隻噸數逾五萬之各行商公舉二員，以保行船行商利益；己、公共租界工部局一員；庚、法國租界工部局一員；辛、各國在滬及吳淞並黃浦之各他口岸如每年進出船隻噸數逾二十萬噸者，由該國國家特派一員。

第五條　所有因居官職應任之員，當按照居此官職之時，即供該局之任。

⬆ 美軍彈藥車

第六條 各工部局及通商總局所舉之員,在局期限一年,期滿者,亦可立即公舉續充。按第四條辛字各該國所派之員,在局亦期限一年。其餘各員,期限均系三年,限滿者,亦可立即公舉續充。

第七條 期限之內如有開缺,接任者即照其班供職一年或三年。

第八條 由該局員中公舉督辦一員及幫辦一員,期限皆係一年。公舉督辦之時,如投名無較多之數,即請中國領事中之領銜者入名,以成較多之數。

第九條 凡督辦不在座,幫辦即代之,若均不在座,由各在座之員公推一位,作爲此次督辦。

第十條 凡該局會議時,如值投名適均,則任由督辦列名,以成其事。

第十一條 至少非有四員,該局不能會議事件。

第十二條 該局應用之員差,均可隨意聘請,以爲修辦工築及施行一切章程,其薪水、工資、貼費均由該局指定數目,由進款內給發。章程及員差一切事務,均由該局自行辦理。員差亦由該局任便辭退。

第十三條 所有經理行船應置各節,由該局立定,河內所設停泊船隻器具,並整理停船在第三條所述限內以及各水道,如吳淞江並過上海法國租界或公共租界或吳淞洋界各港,此外入河之各他港,自港口往上二英邁勒之遠,均在應置各節之內。

第十四條 凡人於河內所設停船器具,該局皆有取獲之權,另設公共停船器具之法。

第十五條 第十三條所述河內所有挖河、修築碼頭等工,以及各浮碼頭、浮房,應由該局允准,方能修建,該局亦可隨意不允。

第十六條 凡除去河內及以上所述各港阻隔之事,並去阻各費,隨事向責成之人索取,該局皆有全權。

　　第十七條　第十三條所述之河港內所有浮燈、浮標、標記、標燈以及地上設立保護船隻安行河道之具，除燈樓之外，均由該局任便安置，燈樓仍按一八五八年中英天津條約第三十二款辦理。

　　第十八條　所有改善及保全黃浦各工，統由該局工程司管理，如因其工應在轄界之處興作，亦一律辦理。惟應飭行之處，當由中國官員轉布，所飭之事，亦當由中國官員允准，方可照辦。

　　第十九條　興工所籌之款，全由該局出入，追課及施行章程各事，亦由該局會同應管之官，設法辦理。

　　第二十條　海口理船長及其所用之人，均由該局揀派，理船長事務，於第十三條內所述之河，亦在該局所有權柄之內舉辦。

　　第二十一條　該局有整頓巡查一切事務之權，以期確照章程及飭令而行。

　　第二十二條　上海引水一切事務（即下揚子江引水），由該局經管，前往上海船隻所用引水人之執照，只能由該局任便發給。

　　第二十三條　凡違章者，如係外國人民，該局即向該國領事或應管之法律官員控告；中國人民及無欽差領事駐中國之人，在會審衙門控告，審訊時，必須外國官員在旁觀審。

　　第二十四條　凡控該局者，即向上海各國領事公堂投告。凡涉訟之事，均係該局總辦代為就審。

　　第二十五條　該局各員及所用之人，因投名議定之事及所辦事件，並已定合同或議定之出款等

↑ 美軍軍官（騎兵聯隊長）

事，其係按照該局或所屬各司之權柄號令而行，及有關詳辦施行該局所發章程者，各該本人並不擔責。

第二十六條　除第十三條所述行船應置各節外，應定章程及違章罰款，如在權力之內，均可由該局宣布。

第二十七條　第二十六條所述之章程，應呈請各國領事官允准，如章程稿底呈交兩個月後，各國領事並無阻止或擬改之處，其稿即當作准，亦可照辦。

第二十八條　凡改善保全黃浦各工所應用之地，該局有取捨之權。如照此議酌有地段益於採用，即按上海洋涇濱北公共租界地產章程第六條甲字辦理。地價即由業主本國之官及該局並領銜領事各舉一人斷定。

第二十九條　河岸地段前，如因改善河道之工，增加淤灘，應先由各該地主願否買用，地價按第二十八條所述由舉派人斷定。

第三十條　該局進款開列於後：甲、法國租界及公共租界各地產，無論有無房間，按估價每年值千抽一。乙、黃浦兩岸，自江南製造總局之下界向港口（其名為灤華港）作一直線，自該線起至黃浦入揚子江處為止之各地產，亦按甲字徵抽。此地估價，亦按第二十八條所述由舉派人斷定。丙、非中國式樣船隻，數逾一百五十噸者，進出上海、吳淞及黃浦之各地口岸，均按每噸抽鈔銀五分。非中國式樣船隻，自一百五十噸以下者，抽以上所言之鈔銀四分之一。每船無論進出若干次，均每四個月抽收一次。非中國式樣之船，在揚子江中行駛，專為領取江照行至吳淞者，免抽以上所言之鈔課，惟來往之時，不得在吳淞有商賈之行，僅能取水購食而已。丁、凡在上海、吳淞及黃浦之各他口岸報海關之貨，均按估價值千抽一。戊、中國國家每年津貼該局之款，應與外國干涉者每年所付該局各款總數相同。

第三十一條　第三十條所述之各鈔課，應由後列之員轉徵：甲

字課由各該工部局徵收；乙字課在中國駐有欽差領事之國民，由各該領事徵收；中國人民及在中國無欽差領事之國民，由上海道徵收；丙、丁兩字鈔課，由新海關徵收。

第三十二條　該局每年進款總數，付還興工借款本利及養已竣之工，並辦理一切事務諸費，有所不敷，則可將船鈔、地產，無論有無房間及商貨各餉課，一律均勻比增，以至足抵需用之數。其第三十條戊字中國國家津貼，亦一律比增。

第三十三條　凡應按照第三十二條有加增之情，當由該局先行知照南洋大臣、駐滬各國領事。此項加增，應俟駐滬各國領事允准，方能施行。

第三十四條　每年賬目算結後六個月內，應由該局將前十二個月內經管各事及進出各款，詳細呈報南洋大臣、各國駐滬領事。所報各節，即應印發通行。

第三十五條　所印發詳算之帳，查如進款有逾出款，則將第三十條所述各鈔課，均由各國駐滬領事會同河道局均勻比減。其第三十條戊字中國國家津貼，亦一律比減。

第三十六條　第一次三年期滿之後，各列名畫押之大臣，即會查此附件內應行更改之處更改，將來每屆三年，仍可照此會查更改。

第三十七條　在第十三條所述各界限內該局所行之章，如各國駐滬領事允准，則各國人民皆應遵行。

附件十八

六月初九日上諭：從來設官分職，惟在因時制宜，現當重定和約之時，首以邦交為重，一切講信修睦，尤賴得人而理。從前設立總理各國事務衙門，辦理交涉，雖歷有年所，惟所派王大臣等，多

系兼差，未能殫心職守，自應特設員缺，以專責成。總理各國事務
衙門著改爲外務部，班列六部之前，簡派和碩慶親王奕劻總理外務
部事務。體仁閣大學士王文韶著授爲會辦外務部大臣；工部尚書瞿
鴻禨著調補外務部尚書，授爲會辦大臣；太僕寺卿徐壽朋、候補三
四品京堂聯方，著補授外務部左、右侍郎。所有該部應設司員額
缺、選補章程，各堂司、各官應如何優給俸糈之處，著政務處大臣
會同吏部妥速覆議具奏。欽此。

附 件 十 九

觀見禮節說帖

一、 諸國使臣會同或單行覲見大清國大皇帝時，即在大內之乾
清宮正殿。

二、 諸國使臣覲見時來往乘轎至景運門外，在景運門換乘椅轎
至乾清門階前，降輿步行至乾清宮大皇帝前，禮成後，諸國大臣一
體回館。

三、 每值使臣呈遞敕書或國書時，大清皇帝必遣加用黃袢如親
王所乘之綠轎到館，將使臣迎入大內，禮成後，仍一體送回，來往
之時，必派兵隊前往使館迎送。

四、 每值呈遞敕書或國書時，其書在使臣手內，必由大內之各
中門走進，直到駕前，禮成後，即由已定諸國使臣覲見禮節所議各
門而回。

五、 使臣所遞敕書或國書，皇帝必親手接收。

六、 如皇帝欲款宴諸國使臣，現已議明，應在大內之殿廷設
備，皇帝亦躬親入座。

七、 總之，無論如何，中國優禮諸國使臣，斷不至與彼此兩國
平行體制有所不同。

歷·史·大·事·年·表

西元1900年	義和團反帝愛國運動。 清政府招撫義和團後，六月，英、俄、法、日、德、美、義、奧八國組成聯軍，由英海軍中將西摩爾率領，由天津向北京進犯。清政府向八國宣戰。
西元1900年 西元1901年	沙俄製造「海蘭泡慘案」「江東六十四屯血案」。 《辛丑合約》簽訂，中國完全淪入半殖民地半封建社會的深淵。 李鴻章病逝，袁世凱署理直隸總督兼北洋大臣。
西元1904年 西元1905年	黃興、宋教仁等在長沙組織華興會。 蔡元培、章炳麟、陶成章在上海組織光復會。 北洋常備軍編成北洋三軍。 清政府派載澤等五大臣出洋考察。 同盟會在東京成立，孫中山被選為總理，這是中國第一個資產階級革命政黨。其政治綱領為「驅除韃虜，恢復中華，建立民國，平均地權」。
西元1904─1905年 西元1906年 西元1907年	日俄戰爭在中國進行。 九月清政府宣布「預備仿行憲政」。 徐錫麟刺殺安徽巡撫恩銘，並發動安慶起義，敗，徐錫麟被捕犧牲。秋瑾發動紹興起義，敗，秋瑾被捕犧牲。
西元1908年 西元1908年	美國退還中國一部分「庚款」。 清政府頒布《欽定憲法大綱》等文件，核心內容是保障「君主大權」，把預備立憲的時間定為九年。 十一月十四日、十五日光緒帝、慈禧相繼死去，溥儀即帝位，其父醇親王載灃任攝政王。

歷·史·大·事·年·表

西元1909年	袁世凱被迫回老家「養病」。
西元1910年	詹天佑設計的京張鐵路通車。
西元1911年	四月二十七日，黃花崗起義爆發。失敗。
西元1911年	五月，清政府成立「責任內閣」，慶親王奕劻為總理，閣員中漢族四人，其餘九人為滿族親貴，九人中有五人是皇族，被譏為「皇族內閣」。
西元1911年	四川、兩湖、廣東四省發動保路運動，成為辛亥革命導火線。
西元1911年	十月十日武昌起義爆發。
	十一月，載灃解散皇族內閣，宣布由袁世凱任內閣總理大臣，組織內閣，袁同意率北洋軍剿殺各地革命黨人。
	十二月，孫中山回國，被選為中華民國臨時大總統。
西元1912年	一月中華民國南京臨時政府正式成立，孫中山宣誓就任臨時大總統。不久，黎元洪被推舉為副總統，臨時參議院成立。從此年起改用西曆，一九一二年被定為中華民國元年。
	二月十二日，清帝退位。
	三月，袁世凱奪取革命果實，在北京任臨時大總統。
	孫中山在南京公布臨時參議院制定的《中華民國臨時約法》。
	六月，國民黨建立，孫中山任理事長，黃興、宋教仁等任理事。
	十二月，第一次國會選舉，國民黨獲多數議席。
西元1913年	袁世凱派人暗殺了宋教仁。

歷・史・大・事・年・表

	進步黨成立，黎元洪任理事長，梁啓超等為理事。 孫中山發起「二次革命」討袁，敗。 袁世凱就任正式大總統。 袁世凱下令解散國民黨。 《中俄聲明》簽訂，袁世凱承認外蒙古「自治」。
西元1914年	五月，袁世凱公布《中華民國約法》，把全部權力集中於總統手中。 九月，袁世凱率百官到曲阜祭孔。 十二月，袁世凱到天壇祭天。 十二月，袁世凱公布《修正大總統選舉法》，規定總統任期十年，並可連任。
西元1915年	袁世凱接受日本「二十一條」，並恢復帝制，定一九一六年為洪憲元年。護國運動開始。
西元1916年	三月，袁世凱眾叛親離，宣布取消帝制，仍稱大總統。 六月，袁世凱死去，黎元洪任大總統，段祺瑞任國務總理。
西元1917年 西元1919年	張勳復辟，敗。 五四運動爆發。

大地 中國史話系列叢書介紹

中國史話(1)
尋找失落的歷史年表
《石器時代、夏、商、西周》(170萬年前~西元前771)
編著：中國史話編輯委員會
定價：250元

中華文明的歷史遺存
慷慨萬干的斷代工程
嘆為觀止的考古發掘
考證遠古人類的生存方式
解讀夏商周的歷史年表
述說不為人知的傳奇與奧妙

本書共分四章，內容包括：文明初始、尋找失落的年表、三星堆、殷墟婦好墓。
這裏有中華文明的歷史遺存、慷慨萬干的斷代工程、嘆為觀止的考古發掘，本書為讀者考證遠古人類
的生存方式、解讀夏商周的歷史年表、述說不為人知的傳奇與奧妙。

中國史話(2)
唇槍舌戰的春秋時代
《東周、春秋戰國》(西元前770~ 西元前222)
編著：中國史話編輯委員會
定價：250元

捨我其誰的熱血男兒
獨領風騷的思想巨人
一曲難在的妙曼天音
探究鐵馬金戈的戰國遺跡
追尋萬古流芳的諸子百家
開啓色彩斑斕的曾侯乙墓

本書分西周和春秋戰國和曾侯乙墓兩部分。內容包括：封建王朝的開端、制禮作樂與由神及人、競爭
與動盪紛雜的歷史、隱者和道家等。

大地 中國史話系列叢書介紹

中國史話(3)
氣吞山河的雄奇帝國
《秦、兩漢三國、魏晉南北朝》(西元前359~西元573)
編著：中國史話編輯委員會
定價：250元

曇花一現的鐵血軍團
風雲際會的兩漢王朝
群雄爭霸的三國鼎立
親歷橫掃天下的大秦帝國
撫摸魅力永駐的雲岡龍門
再現白衣飄然的魏晉風度

本書共分五章，內容包括：秦帝國、兩漢三國、金縷玉衣、魏晉風度、石刻上的歷史。您可以領略曇花一現的鐵血軍團、風雲際會的兩漢王朝、群雄爭霸的三國鼎立，亦可親歷橫掃天下的大秦帝國、撫摸魅力永駐的雲岡龍門，書中再現了白衣飄然的魏晉風度。

中國史話(4)
塵封不住的絢麗王朝
《隋唐、兩宋、五代十國(遼、西夏、金)》 (西元581~西元1206)
編著：中國史話編輯委員會
定價：250元

風華絕代的隋唐氣象
一枝獨秀的兩宋雲煙
塵封千載的西夏往事
領略繽紛瑰寶的盛世繁華
品味錦上添花的兩宋芳澤
探尋黃沙深處的王朝蹤影

本書共分八章，內容包括：隋朝業績、盧弘墓、盛唐氣象、大唐遺風、五代與遼文化、汴京夢華、錦繡江南、西夏王朝。書中涵蓋風華絕代的隋唐氣象，一枝獨秀的兩宋雲煙，塵封千載的西夏往事，可以領略繽紛瑰寶的大唐繁華，品味錦上添花的兩宋芳澤，探尋黃沙深處的王朝蹤影。

大地 中國史話系列叢書介紹

中國史話(5)
三朝上演的皇權沉浮
《元、明、清》(西元1206~西元1842)
編著：中國史話編輯委員會
定價：250元

獨步天下的蒙古帝國
氣吞華宇的明朝帝都
濃墨重彩的康乾盛世
揭開繁盛華錦的蒙古詩篇
起航波瀾壯闊的明代巨輪
透視盛極而衰的清宮末路

本書共分六章，內容包括：元朝風韻、明朝興起、康乾盛世、避暑山莊、文化劫掠、近代鐵路。
通過本書您可以了解縱橫四海的蒙古帝國、氣吞華宇的明朝帝都、濃墨重彩的康乾盛世，您可以綜覽
氣象萬千的元朝風韻、起航大氣磅礡的明代巨輪，可以透視盛極而衰的清宮末路

中國史話(6)
吶喊聲中的圖強變革
《清末、民初》(西元1900~西元1919)
編著：中國史話編輯委員會
定價：250元

晨鼓晨鐘的血雨腥風
席捲神州的覺醒奮發
描繪勵精圖治的少年中國
展示庚子事變的翻天覆地
重現覺醒者們的生死豪情

本書分為庚子事變和記憶百年兩部分。主要內容包括：庚子事變的真相、清軍和義和團對東交民巷的
圍攻、聯軍攻進了北京城、孫中山革命、清帝遜位、民國成立。

國家圖書館出版品預行編目資料

吶喊聲中的圖強變革／中國史話編輯委員會編著
一一版一台北市：大地出版社 2006〔民95〕
面； 公分. --（中國史話：6）
ISBN 978-986-7480-67-5（平裝）
ISBN 986-7480-67-8（平裝）
1.中國-歷史-晚清（1840-1911）-通俗作品
2.中國-歷史-民國（1912-　　）-通俗作品

627.7　　　　　　　　　　　　　　95020485

中國史話（6）吶喊聲中的圖強變革

編　　著	中國史話編輯委員會
發 行 人	吳錫清
主　　編	陳玟玟
出 版 者	大地出版社
社　　址	114台北市內湖區內湖路2段103巷104號
劃撥帳號	0019252-9（戶名：大地出版社）
電　　話	02-26277749
傳　　眞	02-26270895
E - m a i l	vastplai@ms45.hinet.net
美術設計	洸譜創意設計股份有限公司
封面設計	洸譜創意設計股份有限公司
印 刷 者	卡樂彩色製版印刷有限公司
一版一刷	2006年11月

大地

定　　價：250元

中文繁體字版由上海科學技
術文獻出版社授權出版發行